決定版

人気の手編みざぶとん

橋本真由子

Contents

花のドイリー風

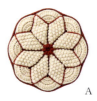
A　B　C
定番のドイリー風ざぶとん
P.4-5

A　B
マーガレットのざぶとん
P.6-7

A　B　C
クレマチスのざぶとん
P.8-9

アネモネのざぶとん
P.10

パイナップル編みの
ざぶとん
P.11

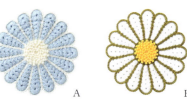

● モチーフつなぎ

A　B
コイル編みのざぶとん
P.12-13

A　B
六角形モチーフのざぶとん
P.14-15

たんぽぽのざぶとん
P.16

すみれのざぶとん
P.17

三角モチーフのざぶとん
P.18

丸モチーフのざぶとん
P.19

小花モチーフの
ざぶとん
P.20

A　B
コイル編みの花のざぶとん
P.21

● 中心から立体的に編む

カーネーションの
ざぶとん
P.22

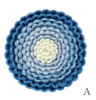
A　　　　　B
グラデーションのざぶとん
P.23

あじさいのざぶとん
P.24

巻きバラのざぶとん
P.25

グラニーのざぶとん
P.26

万華鏡のざぶとん
P.27

● いろいろな編み方で

スタークロッシェの
ざぶとん
P.28

A　　　　　B
チェック柄のざぶとん
P.29

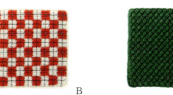
バスケット編みのざぶとん
P.30

方眼編みのざぶとん
P.31

A　　　　　B
ブレードを組むざぶとん
P.32-33

A　　　　　B
スパイラルのざぶとん
P.34

四角モチーフのざぶとん
P.35

作品の編み方	P.36-90
かぎ針編みの基礎	P.91-95

この本の作品は、ハマナカ手芸手あみ糸、ハマナカアミアミ手あみ針を使用しています。糸、針についてのお問い合わせは、P.96をご参照ください。

花の
ドイリー風

ドイリーのように中心から編んだ編み地を2枚合わせてトリミングと縁編みで仕上げます。

A

定番のドイリー風ざぶとん
編み方◉55ページ

放射状に花びらが広がった人気のデザイン。トリミングをした玉編みの花びらがふっくらと立体的に浮かび上がります。

糸/ハマナカボニー

A

マーガレットのざぶとん
編み方●36ページ

可憐なマーガレットをイメージ。中心にはピコットを入れて表情を出しました。
トリミングをすることで、くっきりと華やかな仕上がりになります。

糸/ハマナカボニー

B

クレマチスのざぶとん
編み方◉38ページ

A

あとで花弁を編みつけているのがポイント。椅子にはもちろん、和風のお部屋にも似合うデザインです。
糸/ハマナカボニー

アネモネのざぶとん
編み方●40ページ

同じものを2枚編んで合わせるだけなので、初心者にも編みやすい一枚。3色の配色によって雰囲気が変わります。
糸／ハマナカボニー

パイナップル編みのざぶとん
編み方 ● 42ページ

花びらをパイナップル編みのような編み地にして、四角い角座に仕上げました。スカラップのような縁編みもかわいい。
糸／ハマナカボニー

モチーフつなぎ

モチーフをつなげて作る円座や角座です。立体的にモチーフを編むことで、ボリュームを出しています。

A

コイル編みのざぶとん
編み方◉44ページ

B

コイル編みのモチーフをつないだ、ボリューム満点の角座です。一枚仕立てなので、早く編み上がるのもうれしい。

糸/ハマナカジャンボニー

A

六角形モチーフのざぶとん
編み方 ●46ページ

同じモチーフでも色選びで仕上がりの印象が変わります。
Aは黒とベージュの2色でシックな雰囲気、Bはオフホワイト、えんじ、グレーの3色でかわいらしい感じに。

糸/ハマナカボニー

たんぽぽのざぶとん
編み方 ● 48ページ

リング編みのたんぽぽモチーフがふんわりとした座り心地。ギザギザの葉は、縁編みと一緒に編んでいきます。
糸/ハマナカボニー

すみれのざぶとん
編み方◉51ページ

紫の濃淡で編んだすみれの花モチーフは、花びらが立体的になるように編み方を工夫しました。
裏側もついているので、十分な厚みがあります。

糸／ハマナカボニー

三角モチーフのざぶとん

編み方 ◉ 58ページ

三角モチーフを6枚編んで、それを少しずつ重ねて円形に。
ジャンボニーという超極太糸で編んでいるので、スピーディーに仕上がります。

糸/ハマナカジャンボニー

丸モチーフのざぶとん

編み方 ● 89ページ

丸モチーフの両側を折り返して縫い合わせることで花びらのような形にします。
大きめサイズなので、床置きにも向いています。

糸／ハマナカジャンボニー

小花モチーフのざぶとん

編み方◎54ページ

余り糸を使って何か作れないかと考えて、簡単な花モチーフでカラフルな円座を作ってみました。
表側のみの一枚仕立てなので、手軽に編めます。

糸／ハマナカボニー

コイル編みの花のざぶとん
編み方◉60ページ

B

A

ふっくらボリュームの出るコイル編みは、ざぶとんに向いています。
コイル編みの花モチーフと土台モチーフを合わせて程よい厚みに仕上げました。

糸/ハマナカボニー

中心から立体的に編む

フリルを編んだり、お花を編みつけたり、幾何学模様を作ったり。中心から立体的に編む円座の数々です。

カーネーションのざぶとん
編み方◉64ページ

ボリュームたっぷりのフリルを編みつけた円座です。
フリルの先端だけ色をかえることで、輪郭が強調されて見た目も華やかに。
糸／ハマナカボニー

グラデーションのざぶとん

編み方 ◉ 62ページ

中心からグラデーションに色がかわる、円座の定番デザイン。
それぞれの好きな色で、家族の人数分編むのもおすすめです。

糸／ハマナカボニー

あじさいのざぶとん
編み方●68ページ

土台の編み地を編みながら、小さな花を一緒に編みつけていきます。土台と一緒に小花ができ上がっていくので、編んでいて楽しい円座です。
糸／ハマナカボニー

巻きバラのざぶとん
編み方 ● 72ページ

土台と一緒に巻きバラと葉を編みつけていきます。巻きバラは自然に丸まるので形が決まりやすく、意外と難しくありません。

糸/ハマナカボニー

グラニーのざぶとん

編み方 ● 70ページ

円座を何枚か編むと、糸が余ってしまいませんか？
そんな余り糸を有効活用してほしく、1段ごとに色をかえた円座を作りました。

糸／ハマナカボニー

万華鏡のざぶとん

編み方 ●74ページ

万華鏡のようにカラフルな幾何学模様をイメージ。
一見複雑そうに見えますが、使っている技法は、引き上げ編みや交差編みなど基本的な編み方です。

糸/ハマナカボニー

いろいろな編み方で

様々な技法で編む円座と角座のバリエーション。ちょっと面白い編み方も紹介しています。

スタークロッシェのざぶとん
編み方◎76ページ

編み地が星形に見える、スタークロッシェという人気の編み方。
茶系の濃淡3色で編みましたが、シンプルに単色で編んでも。
糸／ハマナカボニー

チェック柄のざぶとん

編み方●88ページ

こま編みの編み込み模様で市松模様を作り、あとから引き抜き編みを縦と横に編みつけてチェック柄にしました。

糸／ハマナカボニー

バスケット編みのざぶとん

編み方● 80ページ

長々編みの交差で、バスケット編みのような模様を作りました。
目を拾う位置に気をつければ、規則的なのでそう難しくありません。

糸／ハマナカボニー

方眼編みのざぶとん

編み方 ● 82ページ

方眼編みの模様部分をパプコーン編みにして、柄が立体的に浮き出るようにしました。くるんとした貝殻のような縁編みもポイントです。
糸／ハマナカボニー

A

ブレードを組むざぶとん
編み方◉67ページ

長いブレード状の編み地を編んで、それを組んで形作っていきます。
ブレードを2色にすることで、組んだときに柄にメリハリが出ます。

糸/ハマナカジャンボニー

スパイラルのざぶとん

編み方 ◉ 84ページ

キャンディーのような、ヨーヨーのような渦巻き模様。4色で編んだものと2色で編んだものの2種類を紹介します。
糸/ハマナカジャンボニー

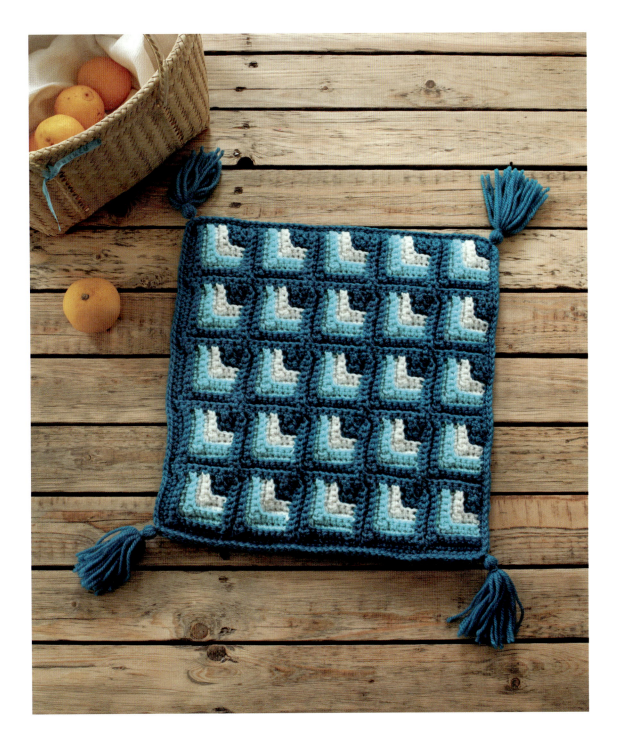

四角モチーフのざぶとん

編み方 ● 86ページ

最初に四角モチーフを1枚編み、そこからドミノゲームのように次々につなげて編んでいく面白い編み方です。
四隅にはタッセルをつけてアクセントにしました。

糸／ハマナカボニー

マーガレットのざぶとん　　作品● 6-7ページ

A

B

B裏

- ●糸　ハマナカボニー（50g玉巻）
  A　水色(439) 170g　オフホワイト (442) 55g
  B　白(401) 170g　オリーブグリーン (493) 35g
  　　レモンイエロー (432) 20g
- ●針　ハマナカアミアミ両かぎ針ラクラク7.5/0号
- ●サイズ　直径39cm
- ●ゲージ　長編み1段＝1.8cm

●編み方

糸は1本どりで、指定の配色で編みます。

1 前側、後ろ側はそれぞれ糸端を輪にし、模様編みで色をかえながら15段編みますが、後ろ側の1～6段めはピコットを入れずにこま編みで編みます。

2 前側と後ろ側を外表に合わせ、2枚一緒にトリミングと縁編みを続けて編みます。

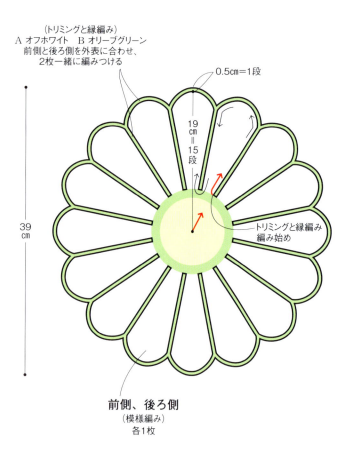

（トリミングと縁編み）
A オフホワイト　B オリーブグリーン
前側と後ろ側を外表に合わせ、
2枚一緒に編みつける

0.5cm＝1段

19cm＝15段

トリミングと縁編み
編み始め

39cm

前側、後ろ側
（模様編み）
各1枚

前側、後ろ側の配色

	A	B
9～15段め	水色	白
7、8段め	オフホワイト	オリーブグリーン
1～6段め	オフホワイト	レモンイエロー

後ろ側の6段めまでの編み方

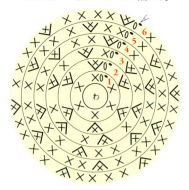

※7段めからは前側と同様に編む

前側の2段めの編み方

1 2段めは、1段めのピコットを手前に倒して1段めのこま編みの頭に針を入れる。

2 こま編みとくさり3目のピコットを編む。

3 2段めを編み終わったところ。1段めのピコットが立体的に立ち上がる。

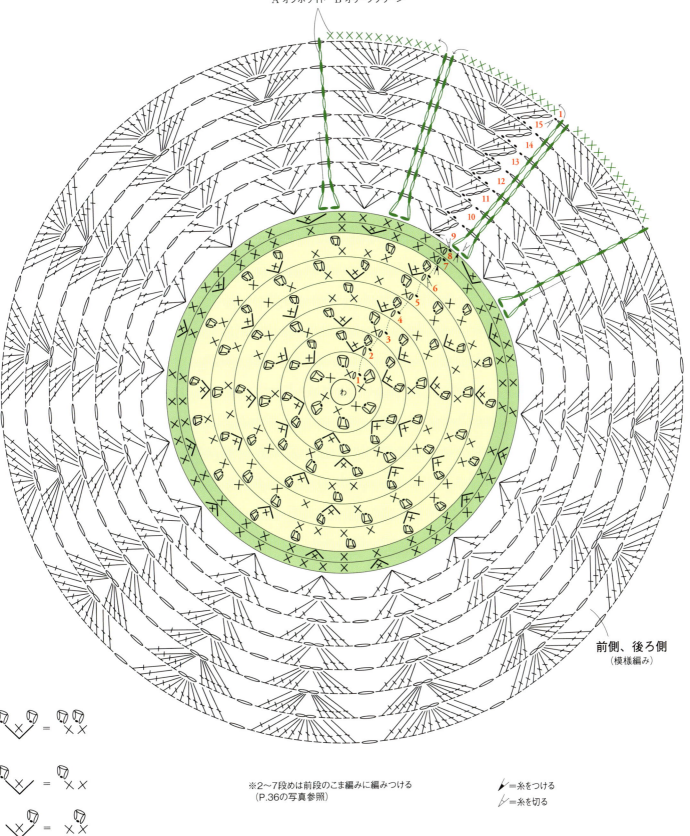

A

B

C

A裏

クレマチスのざぶとん

作品● 8-9ページ

- ●糸　ハマナカボニー (50g玉巻)
  - A 紺(473) 200g　ペールグリーン (407) 35g
  - B コーラルピンク (605) 200g
    チャコールグレー (613) 35g
  - C 濃紫(611) 200g　オレンジ色(606) 35g
- ●針　ハマナカアミアミ両かぎ針ラクラク7.5/0号
- ●サイズ　直径40cm
- ●ゲージ　中長編み1段=約1cm

●編み方

糸は1本どりで、指定の配色で編みます。

1 前側、後ろ側はそれぞれ糸端を輪にし、前側は模様編みA、後ろ側は模様編みBで色をかえながら編みます。
2 前側に飾りを編みつけます。
3 前側と後ろ側を外表に合わせ、2枚一緒にトリミングを編みます。
4 2枚一緒に、まわりに縁編みを編みます。

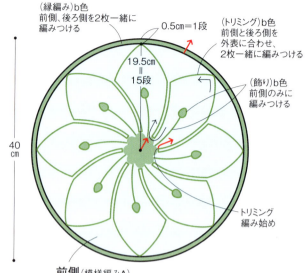

前側(模様編みA)
後ろ側(模様編みB)

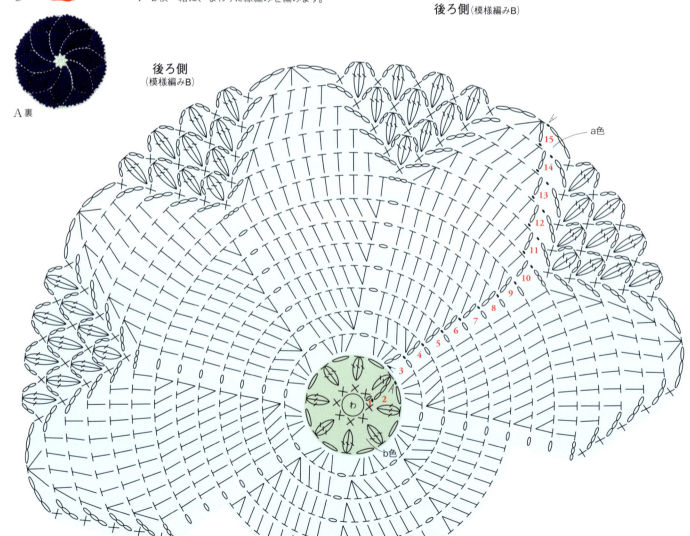

後ろ側
(模様編みB)

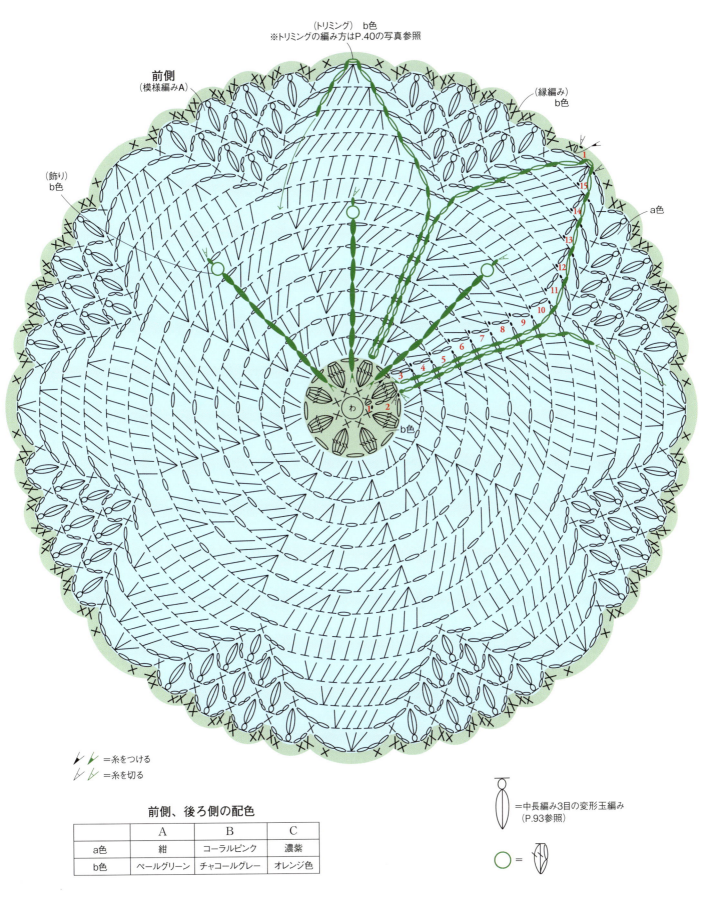

アネモネのざぶとん　作品◉10ページ

- ●糸　ハマナカボニー（50g玉巻）
  - ターコイズグリーン（498）220g
  - 白（401）、淡茶（480）各40g
- ●針　ハマナカアミアミ両かぎ針ラクラク7.5/0号
- ●サイズ　直径42cm
- ●ゲージ　長編み1段＝1.5cm

●編み方

糸は1本どりで、指定の配色で編みます。

1　前側、後ろ側はそれぞれ糸端を輪にし、模様編みで色をかえながら14段編みます。

2　前側と後ろ側を外表に合わせ、2枚一緒にトリミングと縁編みを続けて編みます。

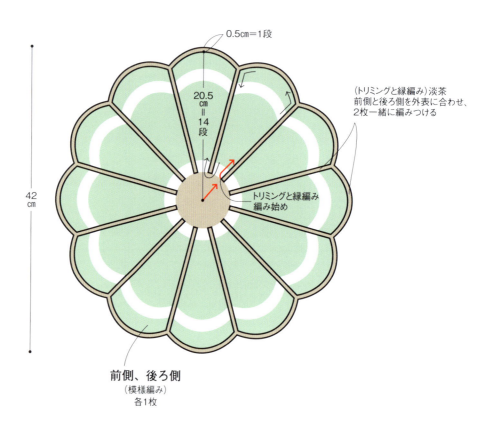

0.5cm＝1段

20.5cm＝14段

42cm

（トリミングと縁編み）淡茶
前側と後ろ側を外表に合わせ、
2枚一緒に編みつける

トリミングと縁編み
編み始め

前側、後ろ側
（模様編み）
各1枚

トリミングの編み方

1　前側と後ろ側を外表に合わせ、糸は後ろ側におく。編み地に矢印のように針を入れる。

2　後ろ側にある糸を前側に引き出し、引き抜く。

3　くさり編みを編むときも、後ろ側にある糸を前側に引き出して編む。

前側、後ろ側　トリミングと縁編み

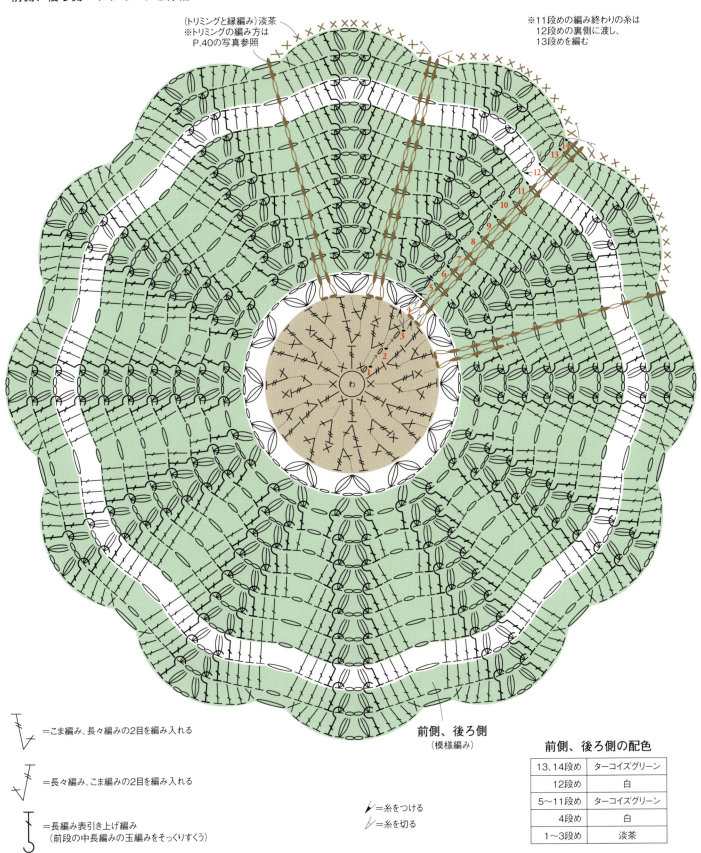

前側、後ろ側
（模様編み）

=こま編、長々編みの2目を編み入れる

=長々編み、こま編みの2目を編み入れる

=長編み表引き上げ編み
（前段の中長編みの玉編みをそっくりすくう）

=糸をつける

=糸を切る

前側、後ろ側の配色

13、14段め	ターコイズグリーン
12段め	白
5～11段め	ターコイズグリーン
4段め	白
1～3段め	淡茶

裏

パイナップル編みのざぶとん

作品●11ページ

- ●糸 ハマナカボニー（50g玉巻）
  からし色(491) 340g
  オフホワイト (442) 40g
- ●針 ハマナカアミアミ両かぎ針ラクラク7.5/0号
- ●サイズ 43cm角
- ●ゲージ 長編みの表引き上げ編み1段＝1cm

●編み方 糸は1本どりで、指定の配色で編みます。

1 前側、後ろ側はそれぞれ糸端を輪にし、前側は模様編みA、後ろ側は模様編みBで、色をかえながら15段編みます。

2 前側と後ろ側を外表に合わせ、2枚一緒にトリミングを編みます。

3 2枚一緒に、まわりに縁編みを編みます。

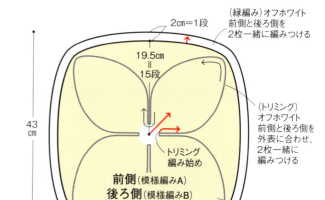

前側、トリミング、縁編み

（トリミング）オフホワイト
※トリミングの編み方はP.40の写真参照

前側
（模様編みA）

（縁編み）オフホワイト

前側、後ろ側の配色

3〜15段め	からし色
1、2段め	オフホワイト

 =中長編み2目の変形玉編み（P.93参照）

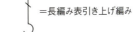 =長編み表引き上げ編み

=糸をつける

=糸を切る

 =中長編み4目の変形玉編み（P.93参照）

A

B

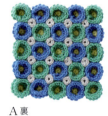

A 裏

コイル編みのざぶとん　作品● 12-13ページ

- ●糸　ハマナカジャンボニー（50g玉巻）
  - A　ターコイズグリーン（32）135g　マリンブルー（34）130g
  　　シルバーグレー（28）70g　アップルグリーン（27）60g
  - B　ローズピンク（10）135g　ワインレッド（7）130g
  　　シルバーグレー（28）70g　アップルグリーン（27）60g
- ●針　ハマナカアミアミ竹製かぎ針8mm
- ●サイズ　37cm角
- ●モチーフの大きさ　a、b直径7.4cm

●編み方

糸は1本どりで、指定の配色で編みます。

1　モチーフa、bは糸端を輪にし、図のように編みます。
2　2枚めからは最終段で引き抜き編みでつなぎながら編みます。
3　モチーフcは糸端を輪にし、a、bと針を入れかえてこま編みでつなぎながら編みます。

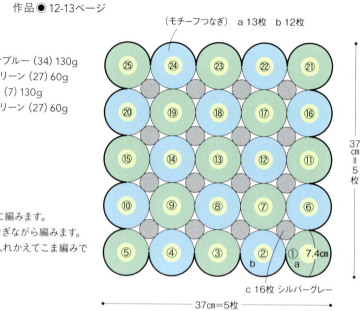

（モチーフつなぎ）a 13枚　b 12枚

37cm＝5枚

37cm＝5枚

c 16枚 シルバーグレー

※a、bは①〜㉕の順に編みつなぐ

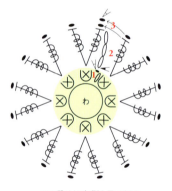

モチーフ a、b

※1段めは裏側を見て編む
（リングが表側に出る）

⊠ ＝こま編みリング編み

↕ ＝コイル編み（5回巻き）
（P.45の写真参照）

↙ ＝糸をつける
↘ ＝糸を切る

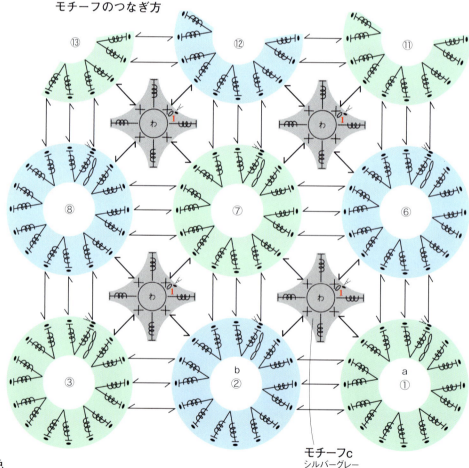

モチーフのつなぎ方

モチーフc
シルバーグレー

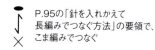

引き抜き編みで
編みながらつなぐ
（P.45の写真参照）

P.95の「針を入れかえて
長編みでつなぐ方法」の要領で、
こま編みでつなぐ

モチーフa、bの配色

	A		B	
	a	b	a	b
2、3段め	ターコイズグリーン	マリンブルー	ローズピンク	ワインレッド
1段め	アップルグリーン	アップルグリーン	アップルグリーン	アップルグリーン

44

コイル編みの編み方

1 モチーフaの2段め。立ち上がりのくさり編みを3目編み、針に糸を5回巻きつける。

2 1段めのこま編みの頭に針を入れ、糸をかけて引き出す。

3 引き出した糸を立ち上がりのくさり3目と同じ高さまでのばし、巻いた糸を1本ずつ指でかぶせる。

4 1目かぶせたところ。3と同じ要領で、残りの糸も全てかぶせる。

5 5回かぶせたところ。

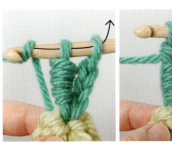

6 5回かぶせたら針に糸をかけて矢印のように引き抜く。コイル編みが1目編めた。

7 同様にコイル編みで2段めを編む。

8 2段めの編み終わりは、1目めの頭に引き抜き編みを編む。

9 続けて引き抜き編みを1周編む。モチーフが1枚編めた。

モチーフのつなぎ方

1 2枚めのモチーフは3段めの1枚めとつなぐ手前まで編んだら針をはずし、1枚めの引き抜き編みに針を入れ、はずした目を引き出す。

2 引き出したところ。

3 2枚めのモチーフの次の引き抜き編みの目に針を入れ、糸をかけて引き抜く。モチーフがつながる。

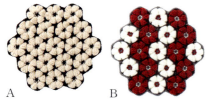

A　B

B 裏

六角形モチーフのざぶとん

作品 ● 14-15ページ

- ●糸　ハマナカボニー（50g玉巻）
  - A　ベージュ（417）130g　黒（402）120g
  - B　グレー（481）120g　えんじ（450）65g
  　　オフホワイト（442）60g
- ●針　ハマナカアミアミ両かぎ針ラクラク7.5/0号
- ●サイズ　42.5cm×39.5cm
- ●モチーフの大きさ　一辺が4.8cmの六角形

●編み方

糸は1本どりで、指定の配色で編みます。

1. モチーフは糸端を輪にし、1〜3段めを編んだら糸を休め、4、5段めは図のように編みます。
2. 2枚めからは最終段でつなぎながら編みます。
3. モチーフをつなぎ合わせたら、まわりに縁編みを編みます。

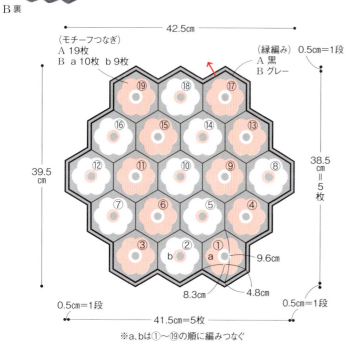

モチーフの配色

	A	B a	B b
5段め	黒	グレー	グレー
4段め	ベージュ	えんじ	オフホワイト
3段め	黒	グレー	グレー
2段め	ベージュ	オフホワイト	えんじ
1段め	黒	グレー	グレー

モチーフ
※編み方はP.47の写真参照

1〜3段め

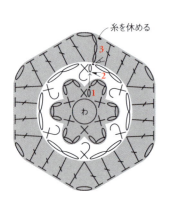

4段め

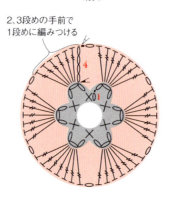

5段め（3段めで休めた糸で編む）

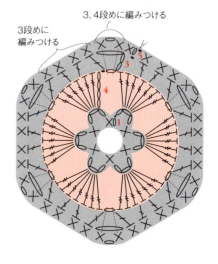

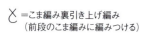

=こま編み裏引き上げ編み
（前段のこま編みに編みつける）

✎=糸をつける
✂=糸を切る

モチーフのつなぎ方と縁編み

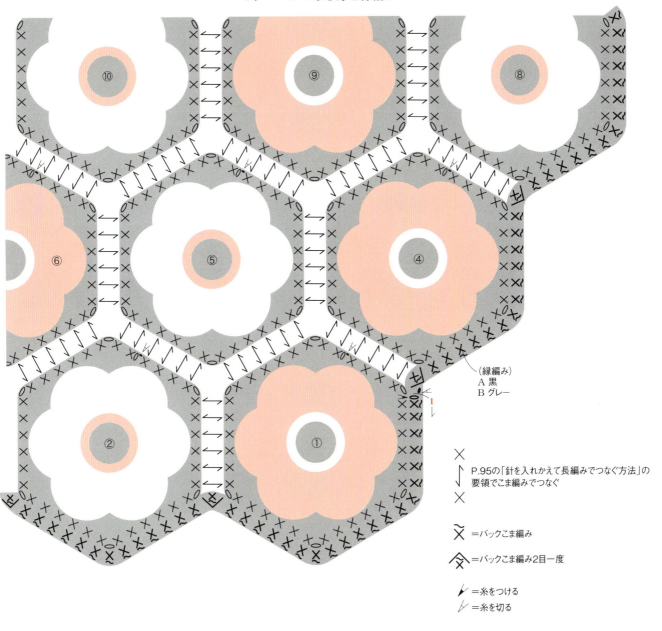

(縁編み)
A 黒
B グレー

× ↓ P.95の「針を入れかえて長編みでつなぐ方法」の要領でこま編みでつなぐ
×

≍ =バックこま編み

⋀ =バックこま編み2目一度

↘ =糸をつける
↙ =糸を切る

モチーフの編み方

1 3段めまで編み、糸を休める。4段めは、2、3段めの手前で1段めのくさり編みのループに長々編みを編みつける。

2 5段めは休めておいた3段めの糸で編むが、角のこま編みは3、4段めのくさり編み両方のループに針を入れて編む。

3 モチーフが1枚編めたところ。花びらが立体的になる。

裏

たんぽぽのざぶとん　作品●16ページ

- ●糸　ハマナカボニー（50g玉巻）
　　　レモンイエロー（432）165g　山吹色（433）40g
　　　オリーブグリーン（493）160g
- ●針　ハマナカアミアミ両かぎ針ラクラク7.5/0号
- ●サイズ　38cm×35cm（葉を除く）
- ●モチーフの大きさ　直径7.4cm
- ●ゲージ　長編み1段＝約1.7cm

●編み方

糸は1本どりで、指定の配色で編みます。

1. 前側のモチーフは糸端を輪にし、図のように7段編みます。
2. 2枚めからは最終段でつなぎながら編みます。
3. モチーフをつなぎ合わせたら、まわりに縁編みと葉を編みます。
4. 後ろ側は糸端を輪にし、長編みで目を増しながら11段編みます。
5. 続けて前側を外表に合わせ、前側を見ながらバックこま編みで、指定の位置では縁編みと葉を一緒に編みつけながら編みます。

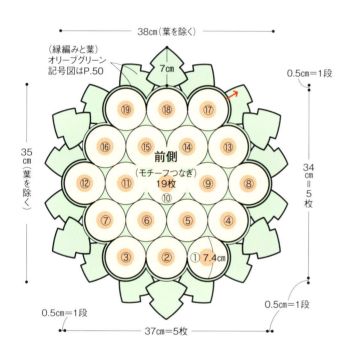

※1〜5段めは裏側を見て編む
（リングが表側に出る）

⊠ ＝こま編みリング編み

∨ ＝こま編みリング編みを2目編み入れる

↗ ＝糸をつける
↘ ＝糸を切る

モチーフの配色

3〜7段め	レモンイエロー
1、2段め	山吹色

縁編みと葉、バックこま編みの編み方

※わかりやすいように糸の色をかえて解説しています。

1　モチーフをつなぎ合わせたら、まわりに縁編みと葉を編む。

2　前側と後ろ側を外表に合わせ、前側を見てバックこま編みを編む。★は前側と後ろ側の合印を重ねて、二枚一緒に編みつける。

3　▲、●、○、△は、前側の葉の合印に針を入れてから、後ろ側に針を入れてバックこま編みを編む。合印のない目は後ろ側だけに編む。

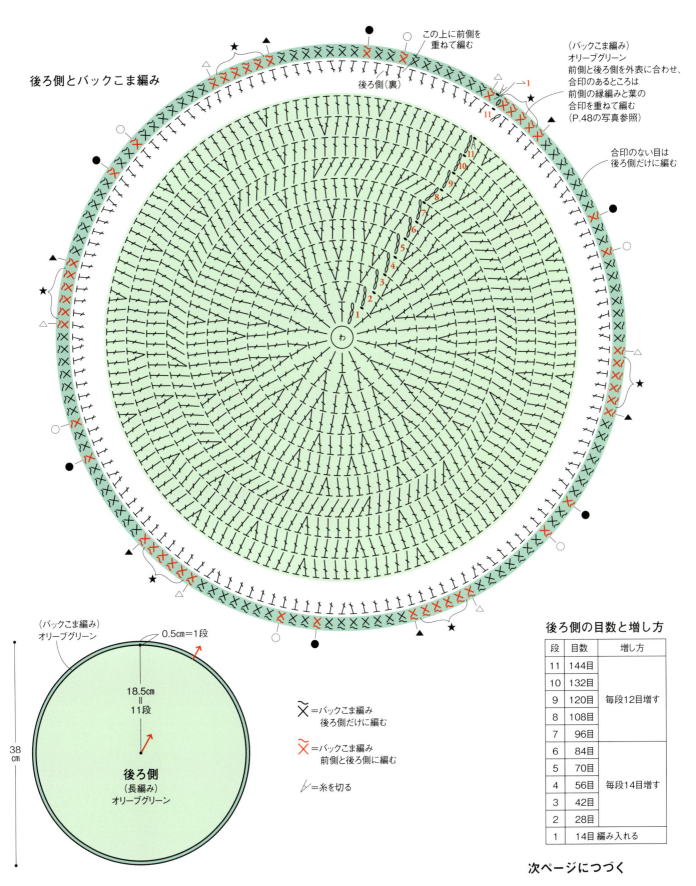

段	目数	増し方
11	144目	
10	132目	
9	120目	毎段12目増す
8	108目	
7	96目	
6	84目	
5	70目	
4	56目	毎段14目増す
3	42目	
2	28目	
1	14目 編み入れる	

次ページにつづく

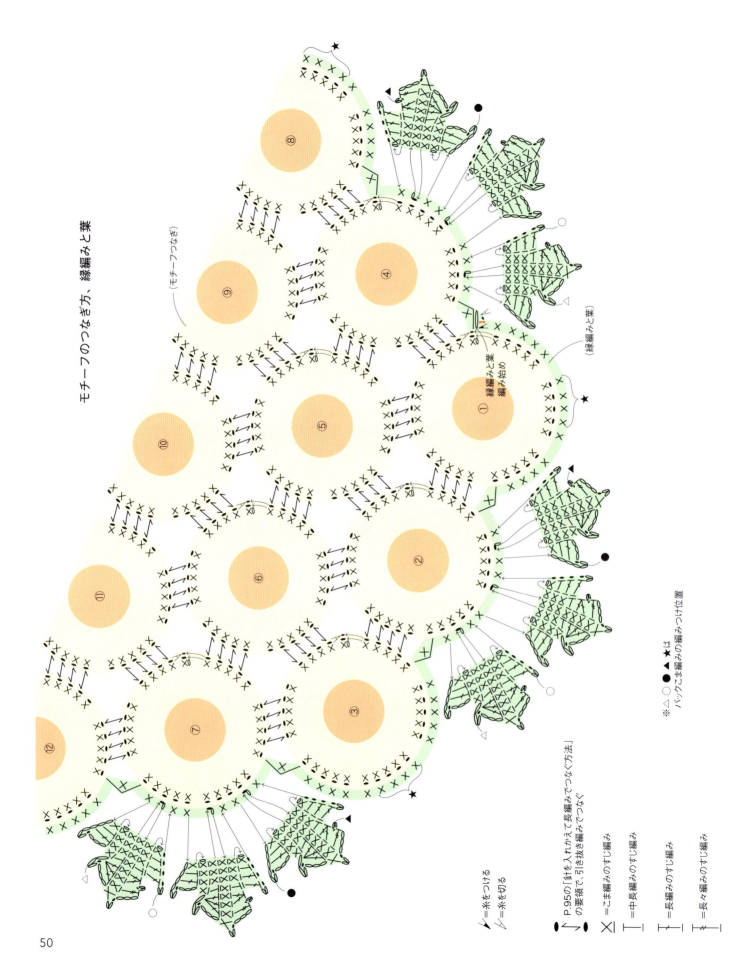

裏

すみれのざぶとん　作品●17ページ

- ●糸　ハマナカボニー（50g玉巻）
  - グリーン（602）170g　紫（437）110g
  - 薄紫（496）60g　クリーム色（478）45g
- ●針　ハマナカアミアミ両かぎ針ラクラク7.5/0号
- ●サイズ　直径41cm
- ●モチーフの大きさ　直径9cm
- ●ゲージ　長編み1段＝約1.6cm

●編み方　糸は1本どりで、指定の配色で編みます。
1. 後ろ側は糸端を輪にし、長編みで図のように12段編みます。
2. 前側のモチーフa、b、cは糸端を輪にし、図のように編みます。
3. 2枚めからは最終段でつなぎながら編みます。
4. モチーフをつなぎ合わせたら、まわりに縁編みAを1段編みます
5. 前側と後ろ側を外表に合わせ、休めておいた糸で2枚一緒に縁編みBを編みます。

後ろ側の目数と増し方

段	目数	増し方
12	144目	増減なし
11	144目	
10	128目	毎段16目増す
9	112目	
8	96目	増減なし
7	96目	
6	80目	毎段16目増す
5	64目	
4	48目	増減なし
3	48目	毎段16目増す
2	32目	
1	16目 編み入れる	

後ろ側　グリーン

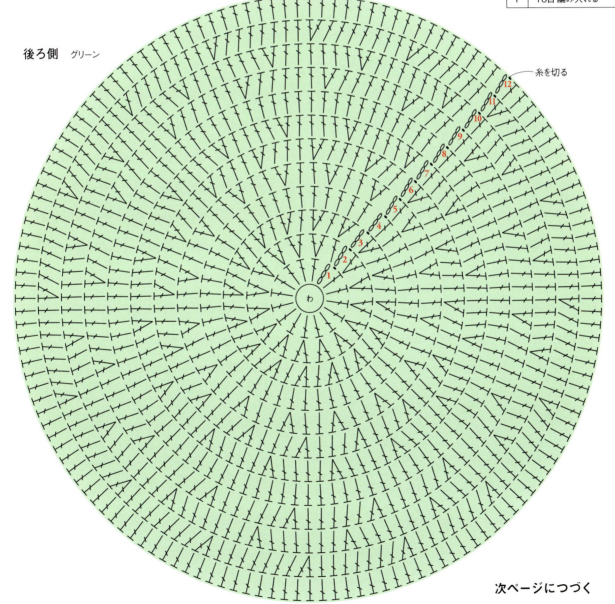

次ページにつづく

51

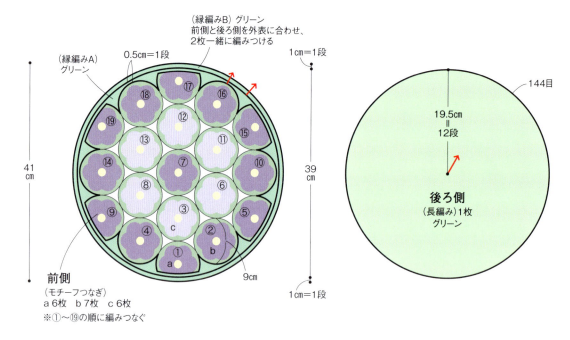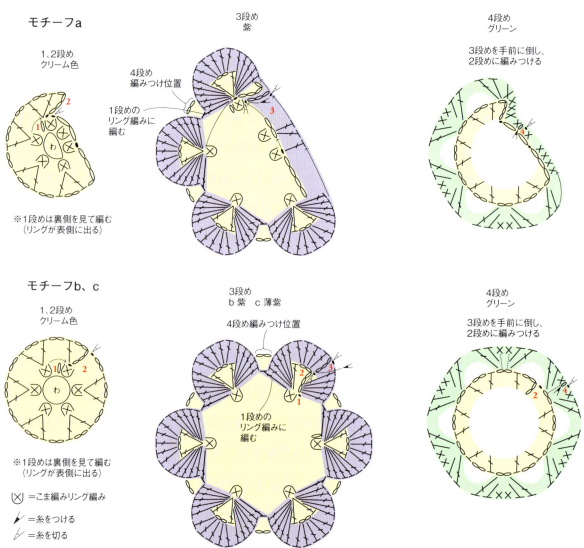

モチーフのつなぎ方と縁編みA、B

✕ =バックこま編み

⊥ 中長編みで編みつなぐ　✕ こま編みで編みつなぐ

P.95の「針を入れかえて長編みでつなぐ方法」の要領で編みつなぐ

✎ =糸をつける
✎ =糸を切る

(縁編みB)　(縁編みA)

モチーフb、cの編み方

1 クリーム色で2段めまで編む。

2 3段めは指定の色で長編みを編むが、くさり編みのループに5目、2段めの長編みの足にそれぞれ5目編みつける。

3 次の長編みは1段めのこま編みリング編みの頭に針を入れて編む。

4 3段めを編み終わったところ。

5 4段めはグリーンで2段めのくさり編みのループに編みつける。

6 モチーフが1枚編めた。

小花モチーフのざぶとん

作品 ● 20ページ

- ●糸　ハマナカボニー（50g玉巻）
  チェリーピンク（604）40g
  淡茶（480）、コーラルピンク（605）、
  レモンイエロー（432）各35g
  ベージュ（417）、オフホワイト（442）各30g
- ●針　ハマナカアミアミ両かぎ針ラクラク7.5/0号
- ●サイズ　34.5cm×35.5cm
- ●モチーフの大きさ　モチーフb 5.7cm×6.5cm
- ●編み方　糸は1本どりで、指定の配色で編みます。

1　モチーフは糸端を輪にし、aは花びら4枚、bは花びら6枚を図のように編みます。

2　2枚めからは最終段で針を入れかえて、長々編み5目のパプコーン編みでつなぎながら編みます。

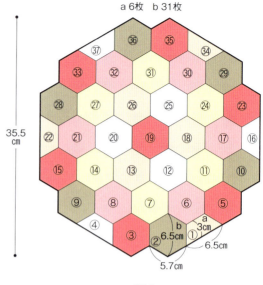

（モチーフつなぎ）
a 6枚　b 31枚

モチーフのつなぎ方

1　長々編み5目のパプコーン編みの最後のくさり編みを引き抜く手前まで編む。

2　針をはずし、1枚めのモチーフのパプコーン編みの頭に針を入れてはずした目を引き出す。

3　針に糸をかけて引き抜く。モチーフがつながる。

モチーフの配色

	ベージュ
	淡茶
	チェリーピンク
	オフホワイト
	コーラルピンク
	レモンイエロー

針を入れかえて長々編み5目のパプコーン編みでつなぐ（写真参照）

✂=糸を切る

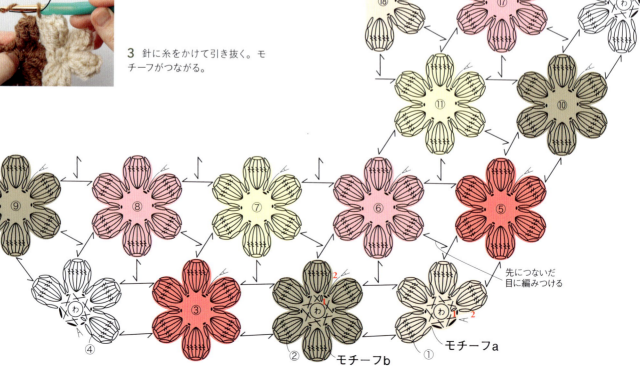

モチーフa　モチーフb

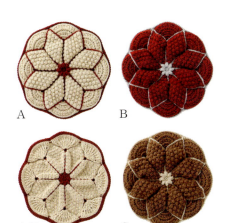

A
B
A裏
C

定番のドイリー風ざぶとん

作品● 4-5ページ

- ●糸 ハマナカボニー（50g玉巻）
  A ベージュ（417）290g えんじ（450）30g
  B えんじ（450）290g 淡グレー（486）30g
  C 淡茶（480）290g ベージュ（417）30g
- ●針 ハマナカアミアミ両かぎ針ラクラク7.5/0号
- ●サイズ 直径43cm
- ●ゲージ 中長編み1段＝約1.3cm

●編み方

糸は1本どりで、指定の配色で編みます。

1 前側、後ろ側はそれぞれ糸端を輪にし、前側は模様編みA、後ろ側は模様編みBで色をかえながら編みます。
2 前側と後ろ側を外表に合わせ、2枚一緒にトリミングを編みます。
3 2枚一緒に、まわりに縁編みを編みます。

前側、後ろ側の配色

	A	B	C
a色	ベージュ	えんじ	淡茶
b色	えんじ	淡グレー	ベージュ

（トリミング）b色
前側と後ろ側を外表に合わせ、2枚一緒に編みつける

1cm＝2段

（縁編み）b色
前側と後ろ側を2枚一緒に編みつける

20.5cm
14段

43cm

a色

トリミング編み始め

前側（模様編みA）
後ろ側（模様編みB）

トリミングの内側を後ろ側から押して立体的にする

の編み方

1 未完成の長編みを2目編み、続けて未完成の中長編みを1目編む。針に糸をかけ、全部のループを一度に引き抜く。

2 引き抜いたところ。

の編み方

1 長編み裏引き上げ編みを編み、針に糸をかけ、長編み裏引き上げ編みの足を矢印のようにすくう。

2 中長編み2目一度を編む。

の編み方

1 中長編み3目の変形玉編み（P.93参照）の最後のくさりを引き抜く手前まで編み、次の目に未完成の中長編みを編む。

2 針に糸をかけ、全部のループを一度に引き抜く。

3 引き抜いたところ。

次ページにつづく

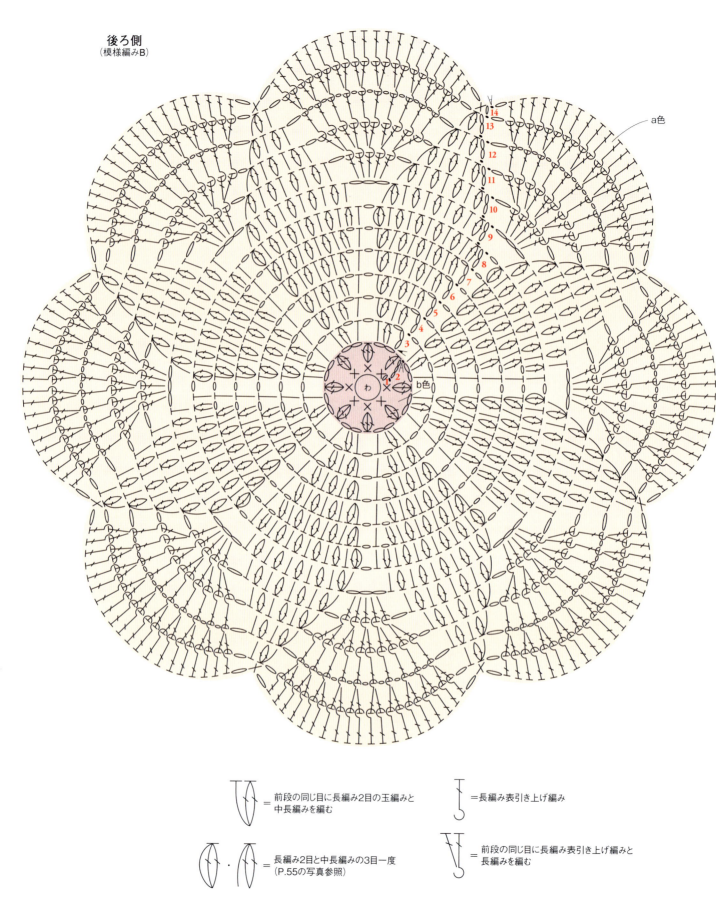

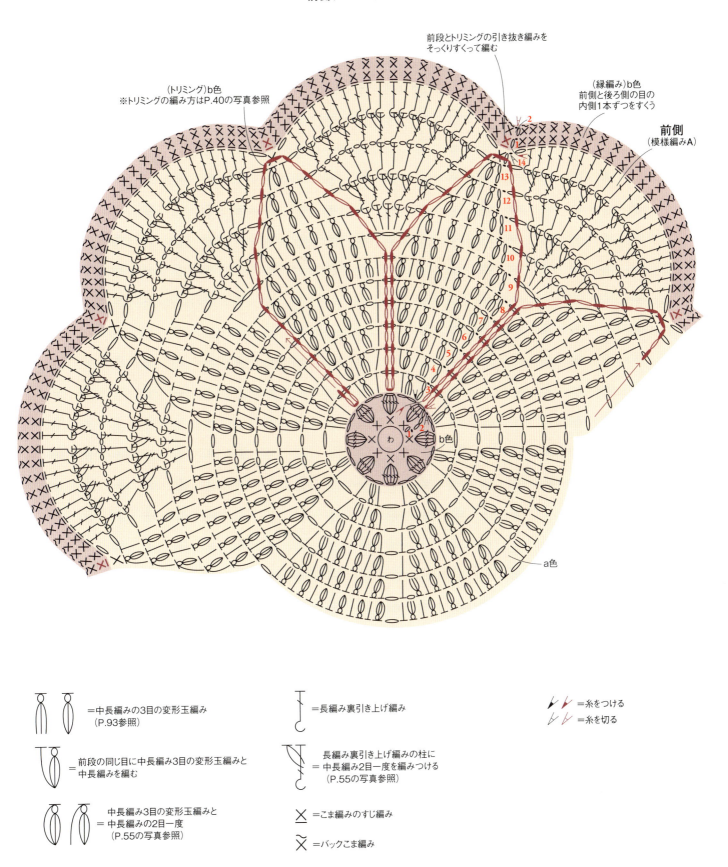

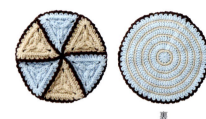

三角モチーフのざぶとん　作品●18ページ

- ●糸　ハマナカジャンボニー（50g玉巻）
  水色(14) 240g　ベージュ(2) 180g
  こげ茶(21) 60g
- ●針　ハマナカアミアミ竹製かぎ針8mm
- ●サイズ　直径44cm
- ●モチーフの大きさ　底辺23cm、高さ21cmの三角形
- ●ゲージ　模様編み2段＝約3.5cm

●編み方

糸は1本どりで、指定の配色で編みます。

1. モチーフa、bは糸端を輪にし、図のように編みますが、4段めは2辺のみに編みます。
2. 後ろ側は糸端を輪にし、模様編みで図のように増しながら11段編みます。
3. モチーフa、bを交互に円形に並べ、中心を絞ります。
4. モチーフを図のように重ねて後ろ側を外表に合わせ、2枚一緒に縁編みを編みます。

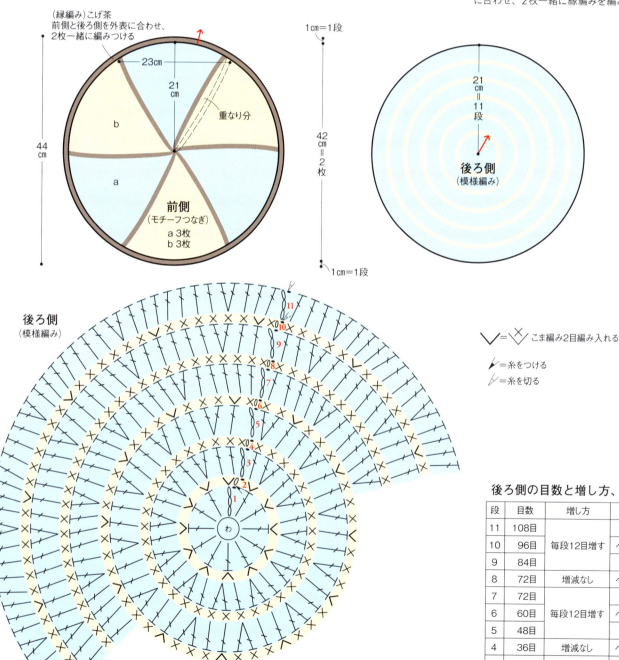

∨ = ＼／ こま編み2目編み入れる

╱ = 糸をつける
╱ = 糸を切る

後ろ側の目数と増し方、配色

段	目数	増し方	配色
11	108目	毎段12目増す	水色
10	96目		ベージュ
9	84目		水色
8	72目	増減なし	ベージュ
7	72目		水色
6	60目	毎段12目増す	ベージュ
5	48目		水色
4	36目	増減なし	ベージュ
3	36目	毎段12目増す	水色
2	24目		ベージュ
1	12目 編み入れる		水色

モチーフ a、b

$\bar{\bar{\bar{\bar{1}}}}$ =長編み裏引き上げ編み

モチーフの配色

	a	b
4段め	こげ茶	こげ茶
1～3段め	水色	ベージュ

モチーフをつなぐときに☆の上に★を重ねる

モチーフのつなぎ方と縁編み

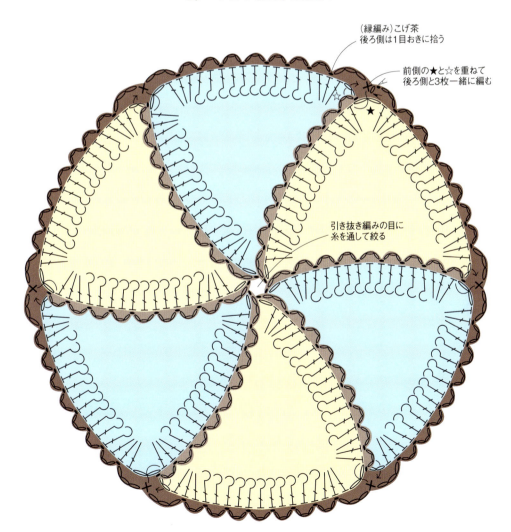

(縁編み)こげ茶
後ろ側は1目おきに拾う

前側の★と☆を重ねて
後ろ側と3枚一緒に編む

引き抜き編みの目に
糸を通して絞る

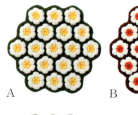
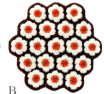

A　　B

A 裏

コイル編みの花のざぶとん　作品●21ページ

- ●糸　ハマナカボニー（50g玉巻）
  - A　グリーン（602）130g　オフホワイト（442）100g
  　　　レモンイエロー（432）30g
  - B　こげ茶（419）130g　オフホワイト（442）100g
  　　　オレンジ色（606）30g
- ●針　ハマナカアミアミ両かぎ針ラクラク8/0号
- ●サイズ　44cm×41cm
- ●モチーフの大きさ　一辺が5cmの六角形

●編み方

糸は1本どりで、指定の配色で編みます。

1　花モチーフは糸端を輪にし、図のように編みます。
2　土台モチーフも糸端を輪にし、3段めを編むときに花モチーフを重ねて編みつけます。
3　2枚めからは土台モチーフの最終段でつなぎながら編みます。
4　モチーフをつなぎ合わせたら、まわりに縁編みを編みます。

花モチーフ　19枚

土台モチーフ編みつけ位置（★）

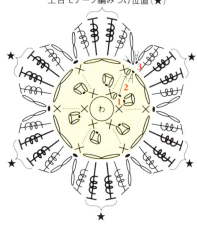

土台モチーフ　19枚
A グリーン　B こげ茶

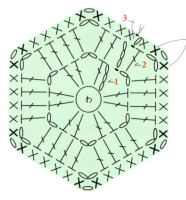

3段めを編むときに花モチーフを外表に重ね、花モチーフの★の目の向こう側の1本と2段めのくさりのループに針を入れて一緒に編みつける（写真参照）

※1、2段めは表側を見て編み、3段めは裏側を見て編む

花モチーフの配色

	A	B
3段め	オフホワイト	オフホワイト
1、2段め	レモンイエロー	オレンジ色

=コイル編み（5回巻き）（P.45参照）

=コイル編み（6回巻き）（P.45の5回巻きと同じ要領で6回巻く）

╱=糸をつける
╱=糸を切る

モチーフの編み方

1　花モチーフを編み、土台モチーフの2段めまで編む。

2　土台モチーフの裏側に花モチーフをのせ、3段めを編む。角のこま編みは、花モチーフの★の目の向こう側の1本と土台モチーフの2段めのくさり編みのループに針を入れて編む。

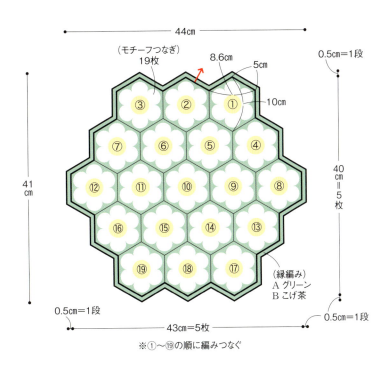

モチーフのつなぎ方と縁編み

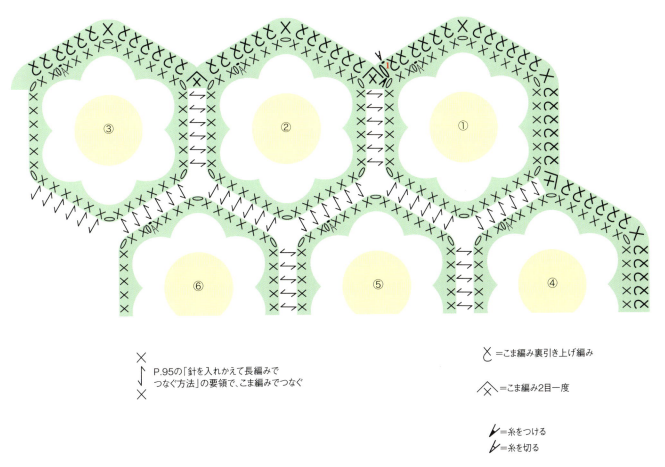

× ↑↓ × P.95の「針を入れかえて長編みで つなぐ方法」の要領で、こま編みでつなぐ

= こま編み裏引き上げ編み

= こま編み2目一度

= 糸をつける

= 糸を切る

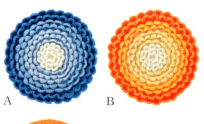

A
B
B裏

グラデーションのざぶとん

作品◉23ページ

- ●糸　ハマナカボニー（50g玉巻）
  - A　コバルトブルー（603）110g
  　　　スカイブルー（471）85g
  　　　水色（439）70g　オフホワイト（442）30g
  - B　山吹色（433）110g　レモンイエロー（432）85g
  　　　クリーム色（478）70g　オフホワイト（442）30g
- ●針　ハマナカアミアミ両かぎ針ラクラク7.5/0号
- ●サイズ　直径42cm
- ●ゲージ　長編みのすじ編み2段＝3.5cm

●編み方

糸は1本どりで、指定の配色で編みます。

1　前側、後ろ側はそれぞれ糸端を輪にし、前側は模様編み、後ろ側は中長編みと長編みのすじ編みで図のように編みます。

2　前側と後ろ側を外表に合わせ、2枚一緒に縁編みを編みます。

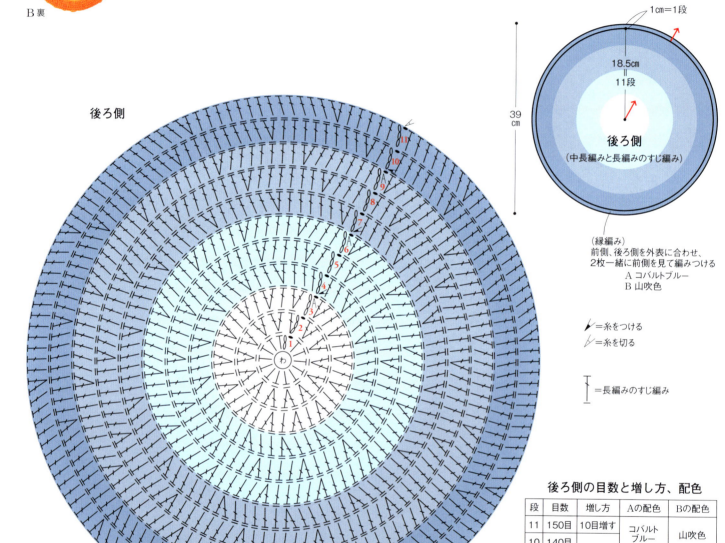

後ろ側

後ろ側の目数と増し方、配色

段	目数	増し方	Aの配色	Bの配色
11	150目	10目増す	コバルトブルー	山吹色
10	140目	毎段14目増す		
9	126目		スカイブルー	レモンイエロー
8	112目			
7	98目			
6	84目		水色	クリーム色
5	70目			
4	56目			
3	42目		オフホワイト	オフホワイト
2	28目			
1	14目 編み入れる			

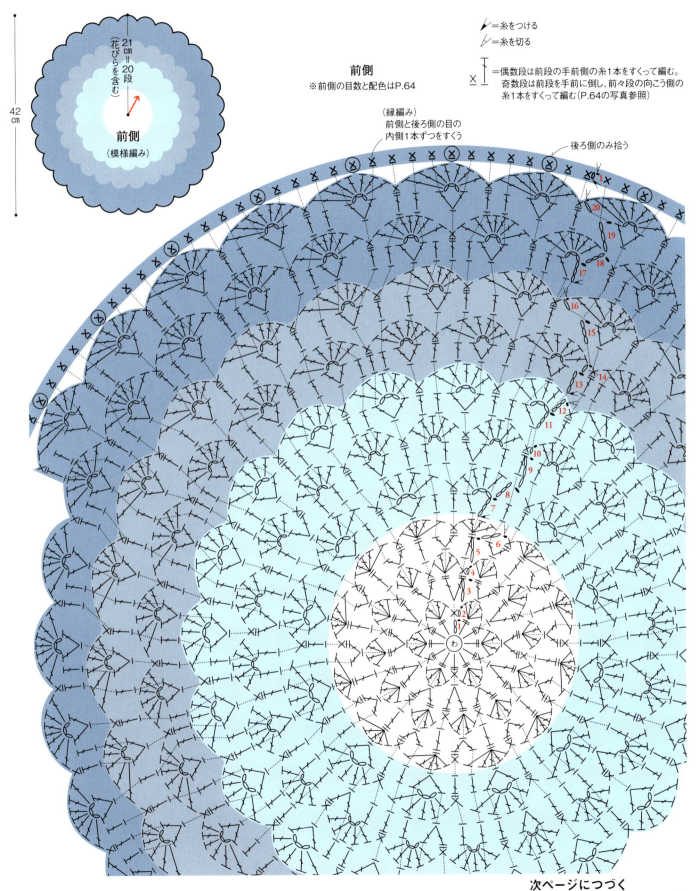
次ページにつづく

前側の目数（模様数）と配色

段	目数（模様数）	Aの配色	Bの配色
20	240目（30模様）	コバルトブルー	山吹色
19	210目		
18	240目（30模様）		
17	216目		
16	168目（24模様）	スカイブルー	レモンイエロー
15	168目		
14	168目（24模様）		
13	176目		
12	120目（20模様）	水色	クリーム色
11	140目		
10	120目（20模様）		
9	120目		
8	72目（12模様）		
7	84目		
6	72目（12模様）	オフホワイト	オフホワイト
5	36目		
4	60目（12模様）		
3	24目		
2	30目（6模様）		
1	12目 編み入れる		

前側3段めの編み方

1 3段めは、2段めを手前に倒して1段めの中長編みの頭の向こう側の1本に針を入れて編む。

2 3段めを編み終わったところ。2段めが立体的に立ち上がる。

裏

カーネーションのざぶとん

作品◉22ページ

- ●糸　ハマナカボニー（50g玉巻）
  - ペールオレンジ（406）220g
  - コーラルピンク（605）190g
- ●針　ハマナカアミアミ両かぎ針ラクラク7.5/0号
- ●サイズ　直径44cm（フリルを含む）
- ●ゲージ　長編み5段＝8cm

●編み方

糸は1本どりで、指定の配色で編みます。

1. 前側、後ろ側はそれぞれ糸端を輪にし、前側は模様編み、後ろ側は長編みで図のように編みます。
2. 前側と後ろ側を外表に合わせ、2枚一緒に縁編みを編みます。

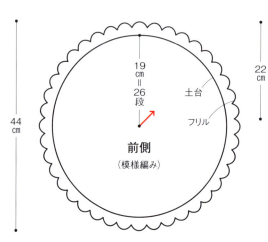
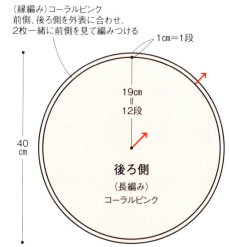

後ろ側の目数と増し方

段	目数	増し方
12	150目	10目増す
11	140目	毎段14目増す
10	126目	
9	112目	
8	98目	
7	84目	増減なし
6	84目	毎段14目増す
5	70目	
4	56目	
3	42目	
2	28目	
1	14目 編み入れる	

前側の目数(模様数)と配色

段	目数、模様数	配色
26	150目	ペールオレンジ
25	280山	コーラルピンク
24	40模様	ペールオレンジ
23	40模様	
22	140目	
21	140目	
20	126目	
19	210山	コーラルピンク
18	30模様	ペールオレンジ
17	30模様	
16	96目	
15	88目	
14	80目	

段	目数、模様数	配色
13	140山	コーラルピンク
12	20模様	ペールオレンジ
11	20模様	
10	60目	
9	48目	
8	36目	
7	84山	コーラルピンク
6	12模様	ペールオレンジ
5	12模様	
4	24目	
3	28山	コーラルピンク
2	4模様	ペールオレンジ
1	24目	

後ろ側
コーラルピンク

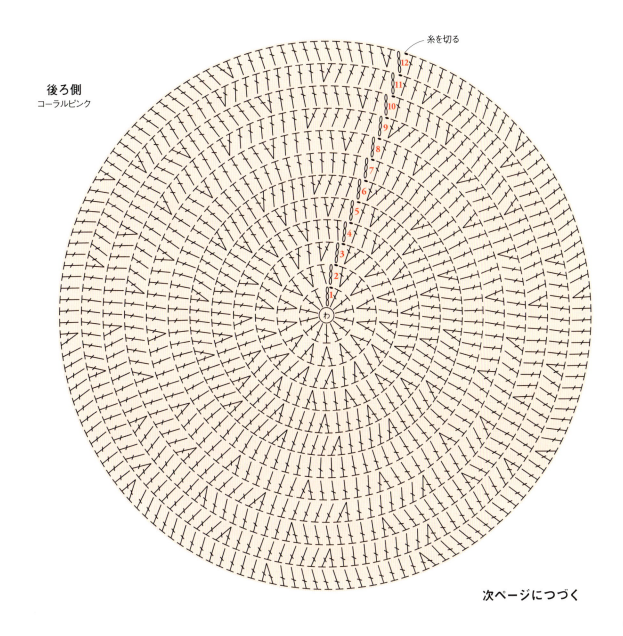

次ページにつづく

※コーラルピンクの糸はその都度、糸をつけて編む

※4、8、14、20、26段は糸をつけ、フリルを手前側に倒して編む(写真参照)

前側 ※前側の目数と配色はP.65
（模様編み）

（縁編み）
コーラルピンク

↙=糸をつける
↙=糸を切る

△=前段
2目とばしを1回
3目とばしを1回
20回くり返す

☆=17段めで3目
とばしているところは
を編む

★=前段
2目とばしを3回
3目とばしを1回
2目とばしを1回

6回くり返す

前段9目
ごとに

前段11目
ごとに

前段10目
ごとに

66

A

B

A裏

ブレードを組むざぶとん

作品● 32-33ページ

- **糸** ハマナカジャンボニー（50g玉巻）
  A オフホワイト（1）170g　紺（16）150g
  B オフホワイト（1）170g
  　ローズピンク（10）150g
- **針** ハマナカアミアミ竹製かぎ針8mm
- **サイズ** 直径40cm
- **ゲージ** うね編み7.5目＝10cm

- **編み方**

糸は1本どりで、指定の配色で編みます。

1 ブレードはくさり編み330目作り目し、うね編みで5段編みます。
2 ブレードを図のように結びます。
3 両端をかがって輪にし、形を整えます。

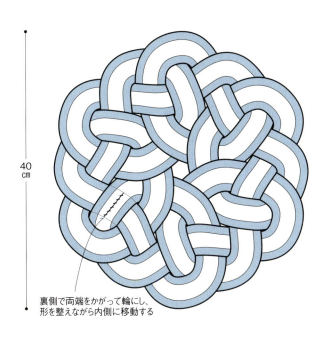

裏側で両端をかがって輪にし、形を整えながら内側に移動する

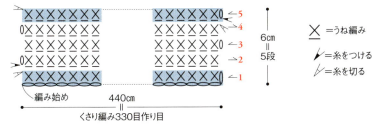

ブレードの配色

	A	B
5段め	紺	ローズピンク
2～4段め	オフホワイト	オフホワイト
1段め	紺	ローズピンク

結び方

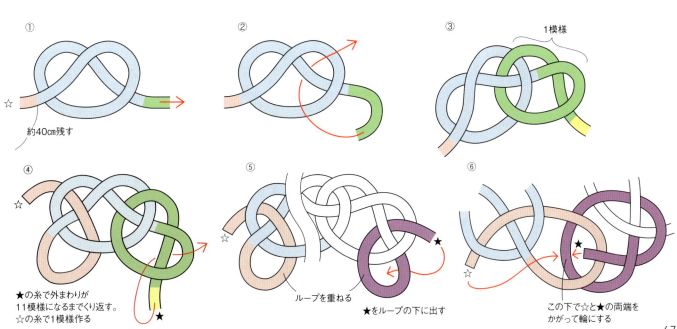

あじさいのざぶとん 作品●24ページ

- **糸** ハマナカボニー（50g玉巻）
  オフホワイト（442）180g　薄紫（496）100g
  紫（437）80g　ラベンダー（612）25g
- **針** ハマナカアミアミ両かぎ針ラクラク7.5/0号
- **サイズ** 直径41cm
- **ゲージ** 中長編み8段＝10cm
- **編み方** 糸は1本どりで、指定の配色で編みます。
  1. 前側はオフホワイトで糸端を輪にし、指定の位置で花を編みつけながら模様編みで編みます。
  2. 後ろ側も同様に作り目し、中長編みで16段編みます。
  3. 前側と後ろ側を外表に合わせ、まわりに2枚一緒に縁編みを編みます。

裏

後ろ側の目数と増し方

段	目数	増し方
16	168目	毎段12目増す
15	156目	
14	144目	
13	132目	
12	120目	増減なし
11	120目	毎段12目増す
10	108目	
9	96目	
8	84目	
7	72目	
6	60目	増減なし
5	60目	毎段12目増す
4	48目	
3	36目	
2	24目	
1	12目 編み入れる	

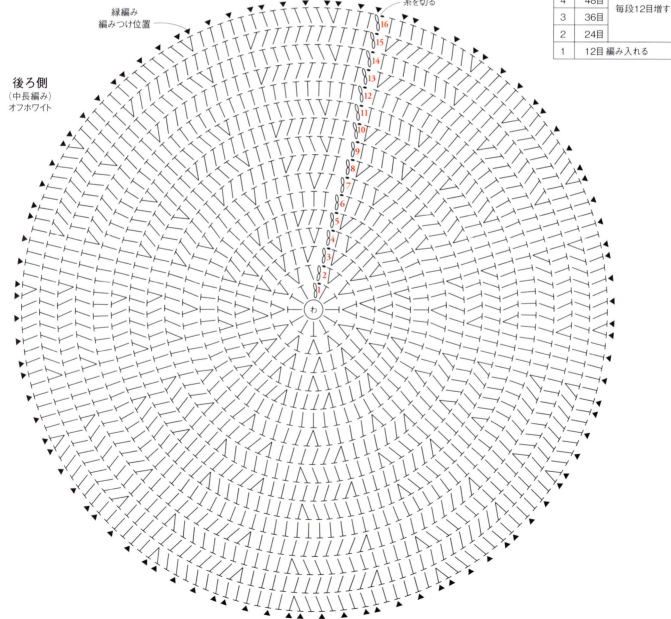

後ろ側（中長編み）オフホワイト

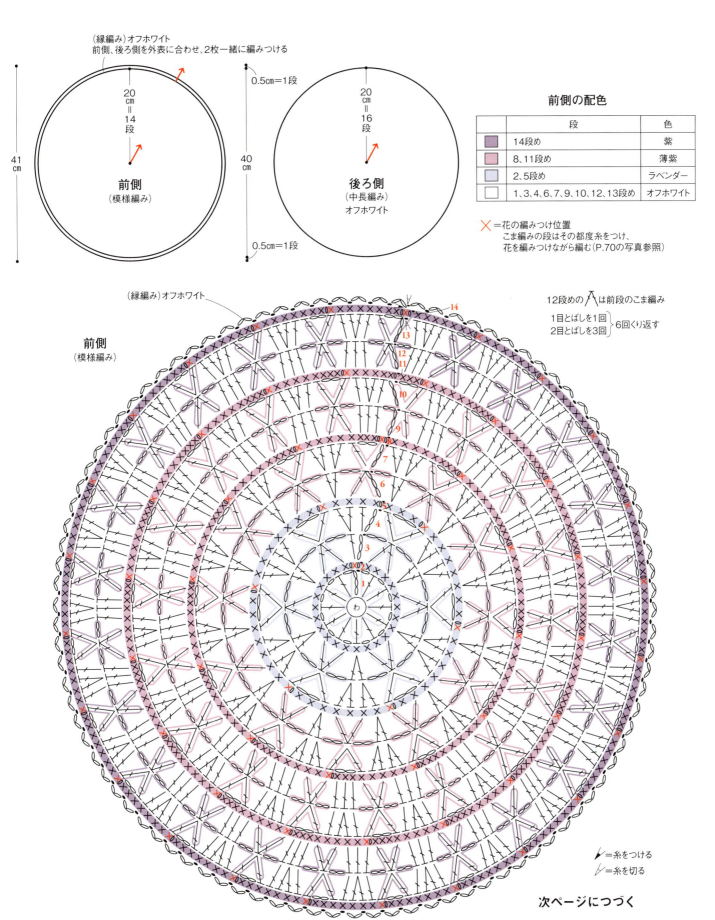

69

花の編み方

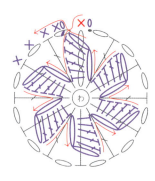

a

2段めの花
① X（花の編みつけ位置）のこま編みを1目編んだら、1段めの立ち上がりのくさりに長編み3目、中長編み2目を編む（**a**）。
② くさり2目編み（**b**）、長編み1目とばして次の長編みの足に同様に編む。
③ 花びらを6枚編んだら、くさり2目編み、最初の長編みの頭に引き抜く（**c**）。
④ くさり1目を編み、続けてこま編みを編む。

b

c

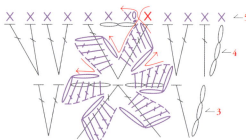

5段め以降の花
2段めと同じ要領で前段、前々段の長編みの足と前々段のくさりのループに花びらを編みつけながらこま編みを編む（**d、e**）。

d

e

グラニーのざぶとん　作品● 26ページ

- ●糸　ハマナカボニー（50g玉巻）
  オフホワイト（442）、ターコイズグリーン（498）各40g
  淡茶（480）35g　グレー（481）、ペールグリーン（407）、
  ラベンダー（612）各30g
  オレンジ色（606）25g、濃ブルー（610）、
  アクアブルー（609）、からし色（491）各20g
  ベージュ（417）15g
  コーラルピンク（605）10g
- ●針　ハマナカアミアミ両かぎ針ラクラク7.5/0号
- ●サイズ　直径41cm
- ●ゲージ　模様編み6.5段＝10cm

●編み方
糸は1本どりで、指定の配色で編みます。
1 前側、後ろ側はそれぞれ糸端を輪にし、模様編みで色をかえながら13段編みます。
2 前側と後ろ側を外表に合わせ、2枚一緒に縁編みを編みます。

目数と増し方、配色

段	目数	増し方	配色
13	160目	増減なし	ターコイズグリーン
12	160目	毎段16目増す	オフホワイト
11	144目		淡茶
10	128目	増減なし	ラベンダー
9	128目		ペールグリーン
8	128目	毎段32目増す	グレー
7	96目		オレンジ色
6	64目	増減なし	からし色
5	64目	毎段16目増す	アクアブルー
4	48目		ベージュ
3	32目	8目増す	コーラルピンク
2	24目	16目増す	濃ブルー
1	8目 編み入れる		

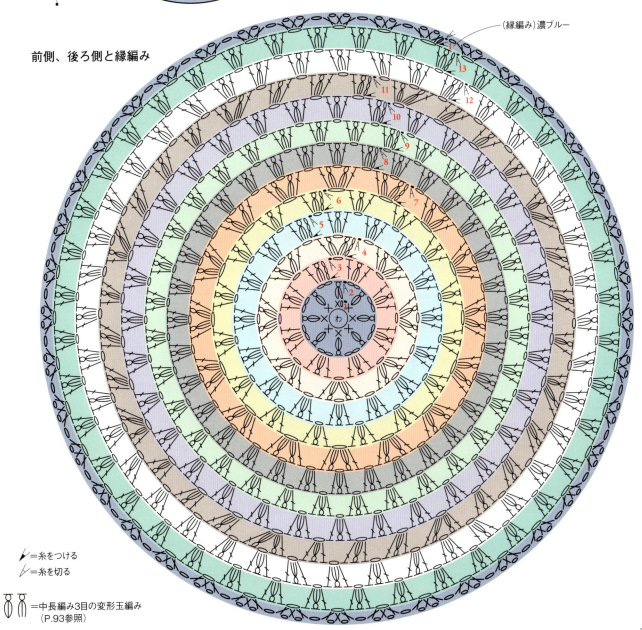

（縁編み）濃ブルー
前側、後ろ側を外表に合わせ、2枚一緒に編みつける

0.5cm＝1段
20cm＝13段
41cm

前側、後ろ側
（模様編み）
各1枚

前側、後ろ側と縁編み

（縁編み）濃ブルー

＝糸をつける
＝糸を切る
＝中長編み3目の変形玉編み
（P.93参照）

71

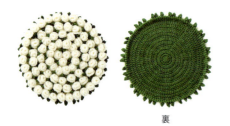

裏

巻きバラのざぶとん　作品●25ページ

- ●糸　ハマナカボニー（50g玉巻）
  オフホワイト（442）270g
  グリーン（602）160g
- ●針　ハマナカアミアミ両かぎ針ラクラク7.5/0号
- ●サイズ　直径41cm（花と葉を含む）
- ●ゲージ　模様編み3段＝4cm

●編み方

糸は1本どりで、指定の配色で編みます。

1. 後ろ側は糸端を輪にし、模様編みで図のように増しながら編みます。
2. 前側も同様に作り目し、模様編みのしま模様で指定の位置に花と葉を編みながら14段編みます。
3. 前側と後ろ側を外表に合わせ、2枚一緒に縁編みを編みます。

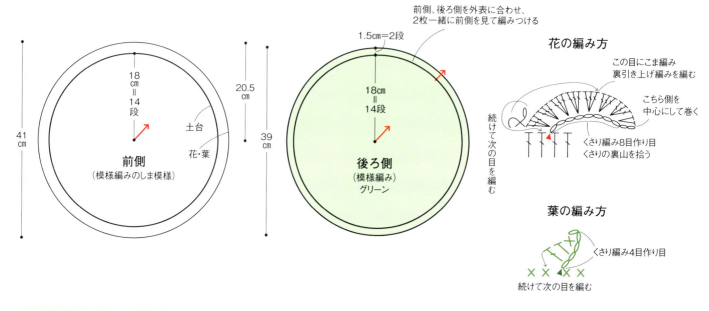

花の編み方

1 花の▲の長編みを編んだら、続けてくさり編み8目＋立ち上がりのくさり編み2目を編む。

2 くさり編みの裏山を拾って中長編みと長編みを編む。自然に花びらが丸まる。

3 指定の長編みの足に裏側から針を入れる。

4 こま編み裏引き上げ編みを編む。

葉の編み方

5 くさり編みを1目編む。続けて次の長編みを編む。

1 葉の▲のこま編みを編んだら、続けてくさり編み4目＋立ち上がりのくさり編み1目を編む。

2 くさり編みの裏山を拾ってこま編み、中長編み、長編みを編む。

3 続けて次のこま編みを編む。同様に指定の位置で花と葉を編みながら編む。

前側、後ろ側

- 前側は指定の色で、花と葉を編みながら編む（P.72の写真参照）。糸は切らずに裏側に渡す
- 後ろ側はグリーン1色で、花と葉をつけずに編む

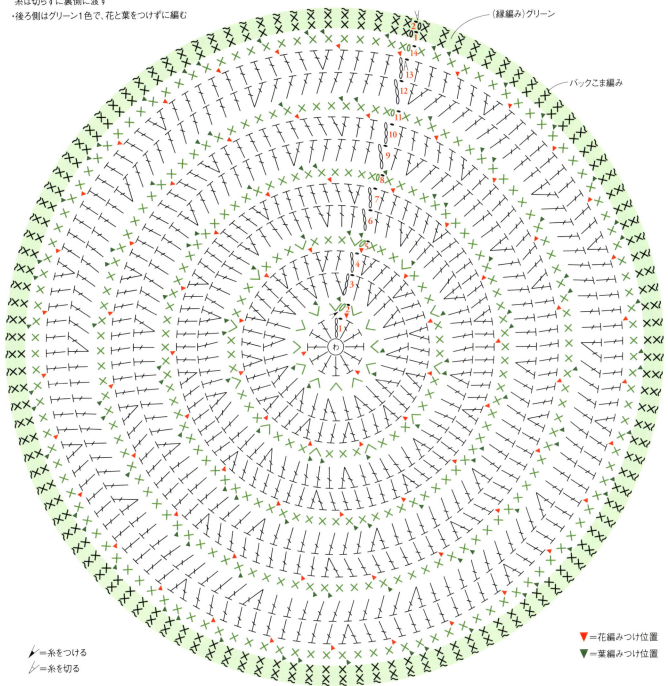

前側、後ろ側の目数と増し方、前側の花と葉の数と配色

段	目数	増し方	前側の花と葉	前側の配色
14	120目	増減なし	葉 45カ所	グリーン
13	120目	毎段10目増す	花 30カ所	オフホワイト
12	110目			
11	100目	増減なし	葉 30カ所	グリーン
10	100目	毎段10目増す	花 20カ所	オフホワイト
9	90目			
8	80目	増減なし	葉 24カ所	グリーン

段	目数	増し方	前側の花と葉	前側の配色
7	80目	毎段10目増す	花 16カ所	オフホワイト
6	70目			
5	60目	毎段12目増す	葉 16カ所	グリーン
4	48目		花 12カ所	オフホワイト
3	36目			
2	24目		葉 6カ所	グリーン
1	12目編み入れる		花 3カ所	オフホワイト

配色

——	オフホワイト
——	グリーン

裏

万華鏡のざぶとん　作品●27ページ

- ●糸　ハマナカボニー（50g玉巻）
  アクアブルー（609）、濃ブルー（610）各80g
  オレンジ色（606）、ペールグリーン（407）各70g
- ●針　ハマナカアミアミ両かぎ針ラクラク7.5/0号
- ●サイズ　直径41cm
- ●ゲージ　模様編みB　2段＝3cm

●編み方

糸は1本どりで、指定の配色で編みます。

1 前側、後ろ側はそれぞれ糸端を輪にし、前側は模様編みA、後ろ側は模様編みBで編みます。

2 前側と後ろ側を外表に合わせ、2枚一緒に、まわりに縁編みを編みます。

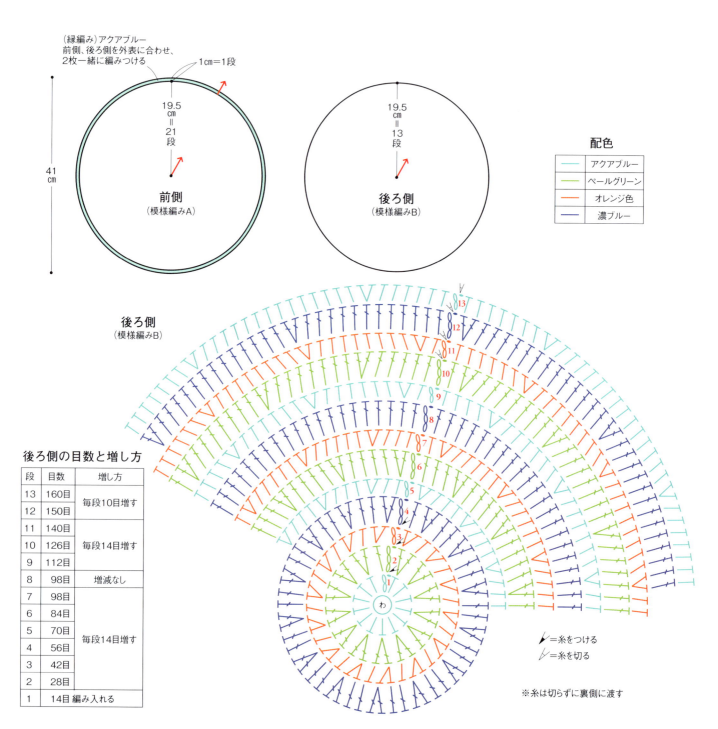

配色

	アクアブルー
	ペールグリーン
	オレンジ色
	濃ブルー

後ろ側の目数と増し方

段	目数	増し方
13	160目	毎段10目増す
12	150目	
11	140目	毎段14目増す
10	126目	
9	112目	
8	98目	増減なし
7	98目	毎段14目増す
6	84目	
5	70目	
4	56目	
3	42目	
2	28目	
1	14目 編み入れる	

↙＝糸をつける
↗＝糸を切る

※糸は切らずに裏側に渡す

74

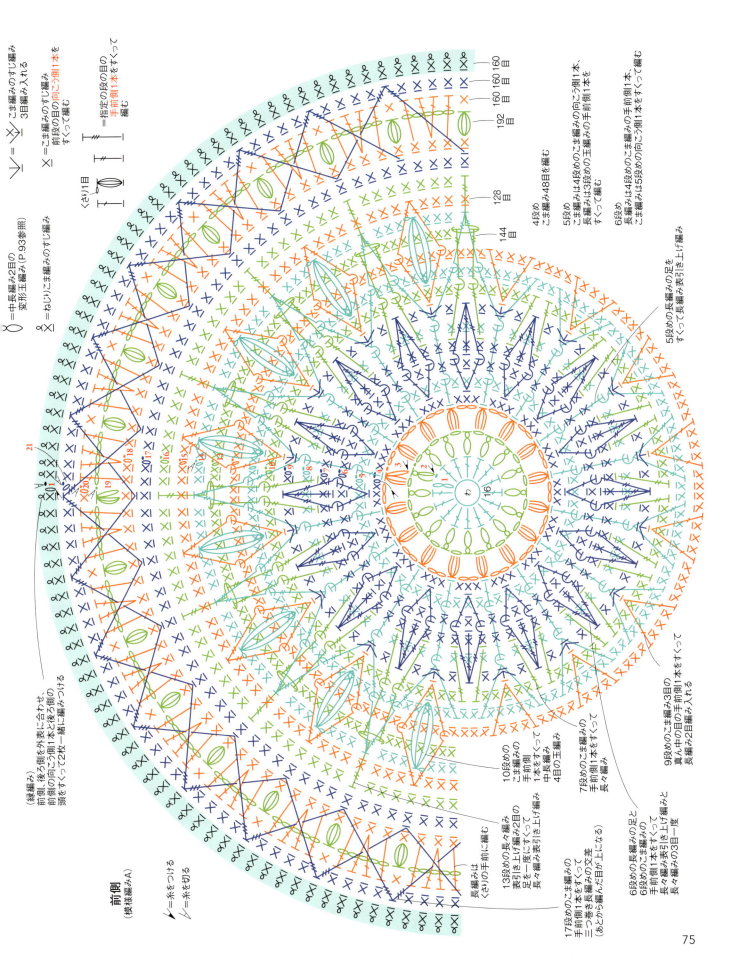

裏

スタークロッシェのざぶとん　作品● 28ページ

- ●糸　ハマナカボニー（50g玉巻）
  こげ茶(419) 80g　ベージュ(417)、淡茶(480) 各60g
- ●針　ハマナカアミアミ両かぎ針ラクラク7.5/0号
- ●サイズ　直径36cm
- ●ゲージ　模様編み、中長編み2段＝約2.7cm

●編み方

糸は1本どりで、指定の配色で編みます。

1　前側、後ろ側はそれぞれ糸端を輪にし、前側は模様編みで、後ろ側は中長編みで色をかえながら13段編みます。

2　前側と後ろ側を外表に合わせ、2枚一緒に縁編みを編みます。

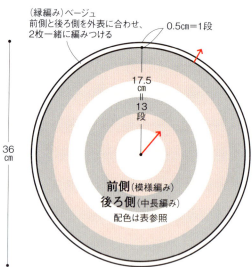

後ろ側
（中長編み）

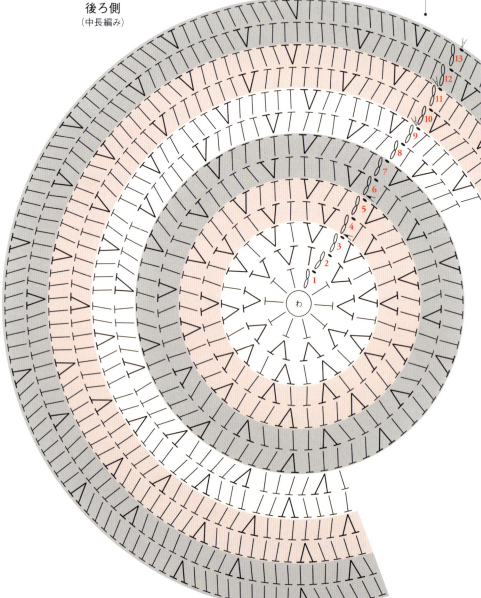

╱＝糸をつける
╲＝糸を切る

V ＝中長編み2目編み入れる

後ろ側の目数と増し方、配色

段	目数	増し方	配色
13	154目	毎段14目増す	こげ茶
12	140目		
11	126目		淡茶
10	112目		
9	98目		ベージュ
8	84目		
7	70目	毎段10目増す	こげ茶
6	60目		
5	50目		淡茶
4	40目		
3	30目		ベージュ
2	20目		
1	10目 編み入れる		

前側と縁編み

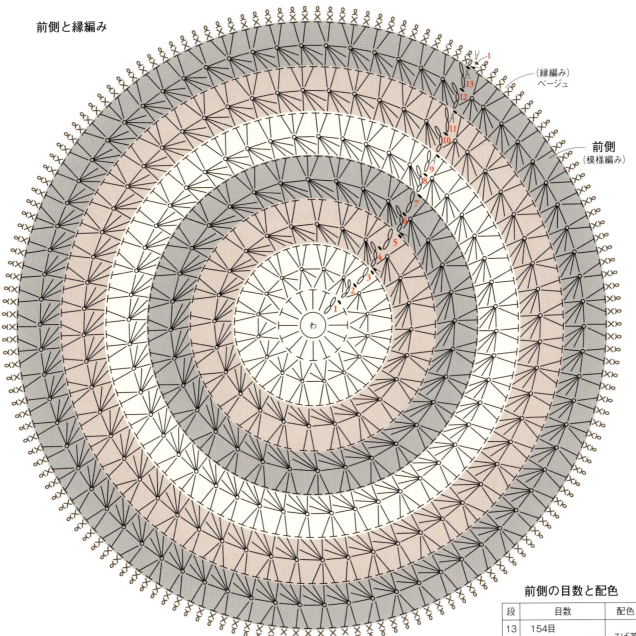

(縁編み) ベージュ

前側 (模様編み)

 =スタークロッシェ編み1模様 (P.78の写真参照)

 =ねじりこま編み(P.94参照)

= 糸をつける
= 糸を切る

前側の目数と配色

段	目数	配色
13	154目	こげ茶
12	70模様	こげ茶
11	140目	淡茶
10	56模様	淡茶
9	112目	ベージュ
8	48模様	ベージュ
7	96目	こげ茶
6	32模様	こげ茶
5	64目	淡茶
4	24模様	淡茶
3	48目	ベージュ
2	16模様	ベージュ
1	16目 編み入れる	ベージュ

次ページにつづく

スタークロッシェ編みの編み方

※わかりやすいように糸と針をかえて解説しています。

1 前側の2段め。立ち上がりのくさり編みを3目編み、くさり編みの2目めの裏山に針を入れて糸を引き出す。

2 くさり編みの1目めの裏山からも糸を引き出す。

3 1段めの立ち上がりのくさり編みの2目めからも糸を引き出す。

4 1段めの2目めの中長編みの頭の向こう側1本すくって糸を引き出す（◎）。

5 針に糸をかけて一度に引き抜く。

6 引き抜いたところ。

7 さらに糸をかけて引き抜く。最初の模様が編める。

8 矢印のように針を入れ、糸を引き出す。

9 引き出したら、次は矢印のように針を入れて（4で引き出した◎の目の向こう側の1本）、糸を引き出す。

10 引き出したところ。

11 続けて1段めの2目めと3目めの中長編みの頭の向こう側1本をすくって糸を引き出す。

12 針に糸をかけて一度に引き抜く。

13 さらに糸をかけて引き抜く。

14 引き抜いたところ。2模様めが編めた。

15 同様にくり返し、2段めの最後の目は、立ち上がりのくさり編みの1目めに針を入れて糸を引き出す。

16 針に糸をかけて一度に引き抜く。

17 引き抜いたところ。

18 立ち上がりのくさり編みの3目めに針を入れ、針に糸をかけて引き抜く。

19 2段めが編めた。

20 3段めは、2段めのスタークロッシェ編みの1模様に中長編みを3目ずつ編み入れる。

21 4段め。立ち上がりのくさり編みを3目編み、1〜4と同様に糸を引き出し、さらにもう1目隣の中長編みからも糸を引き出す。

22 針に糸をかけて一度に引き抜く。7と同様にさらに糸をかけて引き抜く。

23 8〜11と同様に糸を引き出し、さらにもう1目隣の中長編みからも糸を引き出す。針に糸をかけて一度に引き抜く。

24 さらに糸をかけて引き抜く。2模様めが編めた。5段め以降も同様に編んでいく。

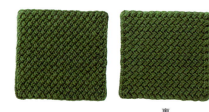

裏

バスケット編みのざぶとん

作品●30ページ

- ●糸　ハマナカボニー（50g玉巻）
  　　　グリーン（602）370g
- ●針　ハマナカアミアミ両かぎ針ラクラク8/0号
- ●サイズ　38cm角
- ●ゲージ　模様編みA、B 15目×6.5段＝10cm角

●編み方
糸は1本どりで編みます。

1. 後ろ側はくさり編み56目を作り目し、模様編みBで増減なく編みます。
2. 前側も同様に作り目し、模様編みAで増減なく編みます。
3. 前側から糸を続け、前側と後ろ側を外表に合わせ、2枚一緒に縁編みを編みます。

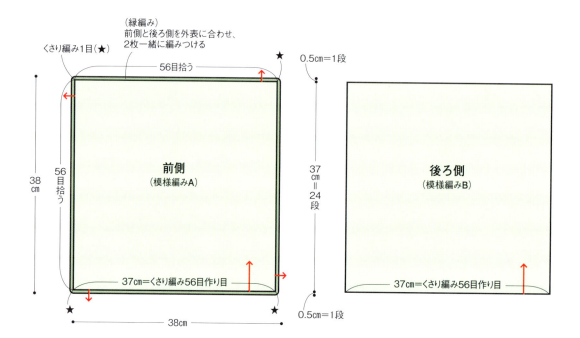

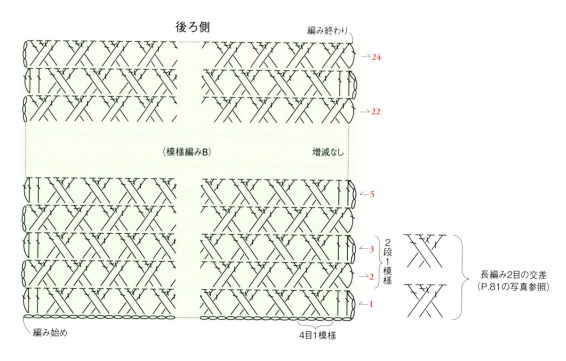

前側

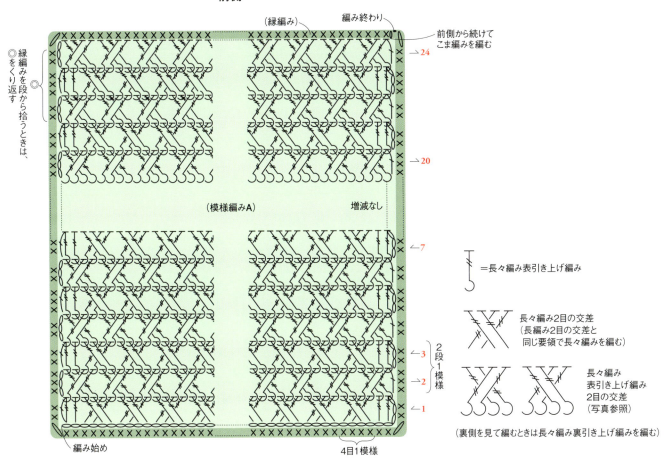

✕← の編み方

1 2目先の目に長編みを2目編む。次の目は先に編んだ目の前側を通って、手前の目に針を入れる。

2 長編みを2目編む。あとで編んだ2目が上になる。

→✕ の編み方（裏側を見て編む段）

1 2目先の目に長編みを2目編む。次の目は先に編んだ目の後ろ側を通って、手前の目に針を入れる。

2 長編みを2目編む。表側から見るとあとで編んだ2目が上になる。

→✕ の編み方（裏側を見て編む段）

1 2目先の目に長々編み裏引き上げ編みを2目編む。次の目は先に編んだ目の後ろ側を通って、手前の目に針を入れる。

2 長々編み裏引き上げ編みを2目編む。表側から見るとあとで編んだ2目が上になる。

✕← の編み方

1 2目先の目に長々編み表引き上げ編みを2目編む。次の目は先に編んだ目の前側を通って、手前の目に針を入れる。

2 長々編み表引き上げ編みを2目編む。あとで編んだ2目が上になる。

裏

方眼編みのざぶとん　作品◉31ページ

- ●糸　ハマナカボニー（50g玉巻）
  オフホワイト（442）390g
- ●針　ハマナカアミアミ両かぎ針ラクラク7.5/0号
- ●サイズ　39cm角
- ●ゲージ　模様編みA、B　12.5目×7.5段＝10cm角

●編み方
糸は1本どりで編みます。
1 後ろ側はくさり編み43目を作り目し、模様編みBで増減なく編みます。
2 前側も同様に作り目し、模様編みAで増減なく編みます。
3 前側から糸を続けて前側と後ろ側を外表に合わせ、2枚一緒に縁編みを編みます。

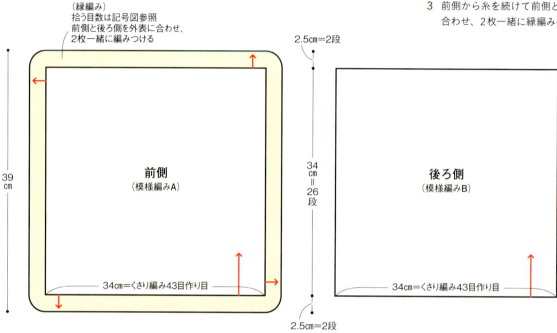

縁編みの2段めの編み方

1　1段めに引き抜き編みを編んだら、立ち上がりのくさり編みを3目編む。針に糸をかけ、立ち上がりのくさり目ごと矢印のようにすくう。

2　中長編みを1目編む。

3　長編みを1目編み、長編みの足をすくって中長編みを編む。

4　編んだところ。

5　同様に長編みを1目編み、その足をすくって中長編みを編む。全部で5回くり返す。

6　針をはずし、1目めの長編みの頭に向こう側から針を入れてはずした目を引き出す。

7　引き出したところ。

8　くさり編み1目を編み、1目めに引き抜き編みを編む。これをくり返す。

後ろ側、前側、縁編み

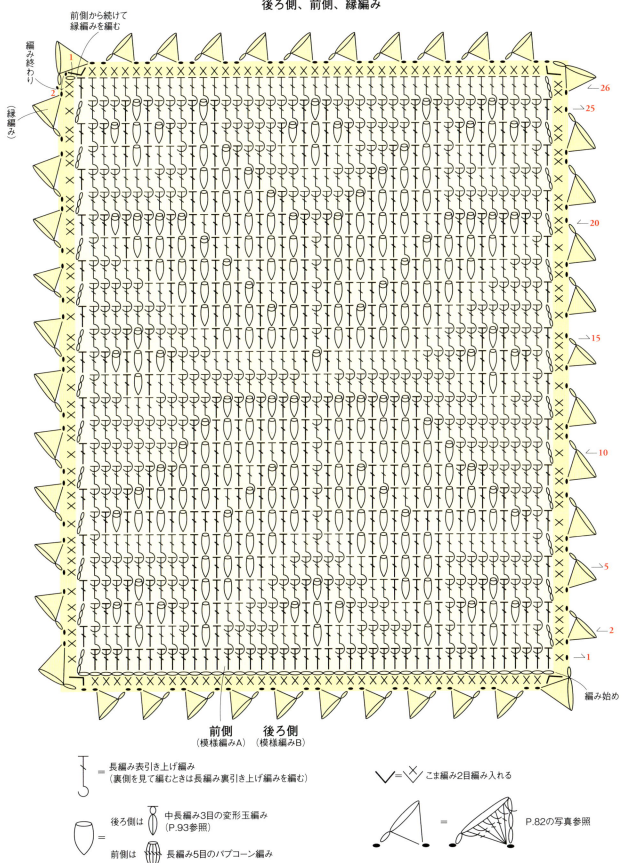

A

B

A裏

スパイラルのざぶとん

作品●34ページ

- ●糸　ハマナカジャンボニー (50g玉巻)
  A　オフホワイト (1) 120g
  　　ワインレッド (7)、からし色(24)、紺(16) 各90g
  B　オフホワイト (1) 210g　水色(14) 180g
- ●針　ハマナカアミアミ竹製かぎ針8mm
- ●サイズ　直径43cm
- ●ゲージ　長編み1段＝約2.4cm

●編み方

糸は1本どりで、指定の配色で編みます。

1　前側はオフホワイトで糸端を輪にし、模様編みAで各色編み入れます。各色1/4ずつ編み進んだら糸を休め、図のように編みます (P.85の写真参照)。

2　後ろ側も同様に作り目し、模様編みBで前側と同じ要領で編みます。

3　前側と後ろ側を外表に合わせ、まわりに2枚一緒に縁編みを編みます。

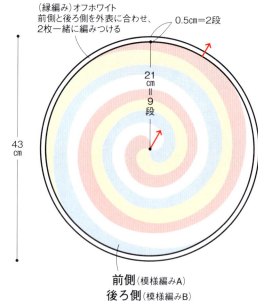

前側(模様編みA)
後ろ側(模様編みB)

後ろ側
(模様編みB)
※編み方は前側参照

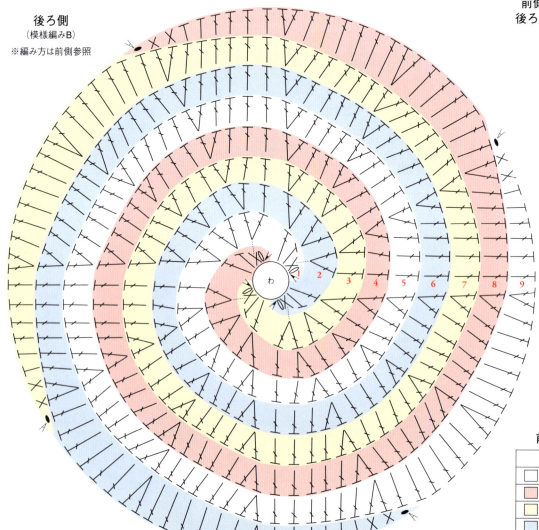

↙=糸をつける
↙=糸を切る

前側、後ろ側の配色

	A	B
□	オフホワイト	オフホワイト
□	ワインレッド	水色
□	からし色	オフホワイト
□	紺	水色

前側、縁編み

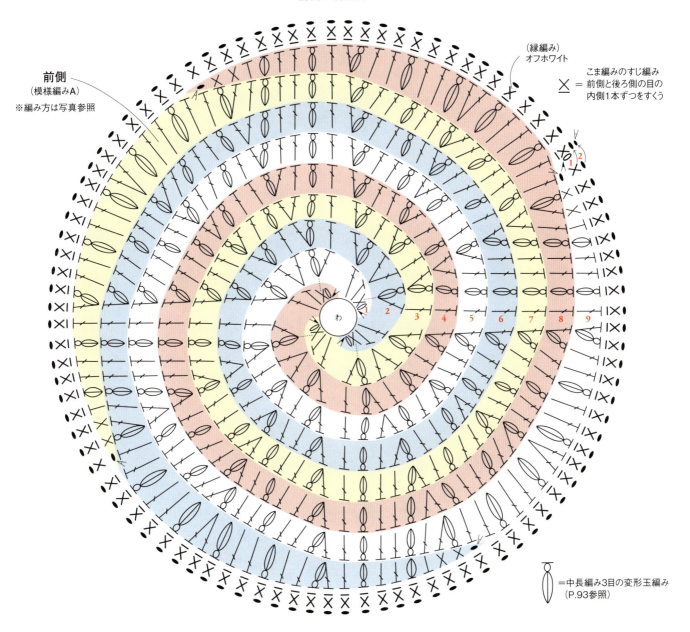

前側
（模様編みA）
※編み方は写真参照

（縁編み）
オフホワイト

✕ = こま編みのすじ編み
前側と後ろ側の目の
内側1本ずつをすくう

= 中長編み3目の変形玉編み
（P.93参照）

※Aで解説しています。Bも同様に編みます。

前側の編み始め

1 オフホワイトで糸端を輪にし、立ち上がりのくさり編みを1目編み、こま編み、中長編み、長編みを1目ずつ編み入れる。

2 ワインレッド、からし色、紺を順に編み入れる。

3 オフホワイトから順に各色1/4編み進んだら糸を休め、1/4ずつ編んでいく。

四角モチーフのざぶとん

作品●35ページ

- ●糸 ハマナカボニー（50g玉巻）
  ピーコックブルー（608）250g
  アクアブルー（609）40g
  オフホワイト（442）30g
- ●針 ハマナカアミアミ両かぎ針ラクラク8/0号
- ●サイズ 39cm角
- ●ゲージ うね編み 10目×10段＝7.6cm角

裏

●編み方

糸は1本どりで、指定の配色で編みます。

1. 前側はくさり19目を作り目し、A～Dのモチーフごとにうね編みのしま模様で①～⑤の順に編みます。
2. 後ろ側も同様に作り目し、ピーコックブルー1色で前側と同じ要領で編みます。
3. 前側、後ろ側を外表に合わせ、2枚一緒に縁編みを編みます。
4. タッセルを作ってつけます。

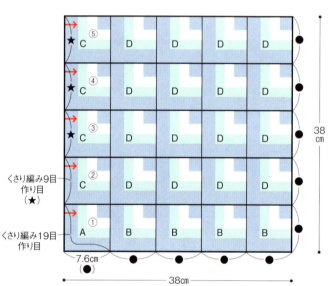

前側の配色

□	ピーコックブルー
□	アクアブルー
□	オフホワイト

※後ろ側はすべてピーコックブルーで編む

タッセル ピーコックブルー

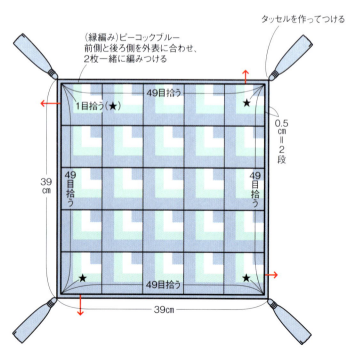

AからBの編み方

※前側で解説しています。後ろ側も同様に編みます。

1 Aを編む。糸は切らずに休める。

2 Aの編み地を裏返し、続けてBを編む。段から目を拾ってこま編みを編む。

3 段から目を拾ったら、続けてくさり編みを9目編み、同様に編んでいく。

前側、後ろ側と縁編み

✕ =うね編み

△ = △ =こま編み3目一度

△ =うね編み3目一度

△ △ =こま編み、うね編み3目一度

※①〜⑤の順に編む
※アクアブルーとオフホワイトはその都度糸をつけて切る

✎ =糸をつける
✎ =糸を切る

A

B

チェック柄のざぶとん 作品● 29ページ

- ● 糸　ハマナカボニー（50g玉巻）
  - A　オフホワイト（442）130g　グレー（481）110g
  　　からし色（491）50g
  - B　オフホワイト（442）130g　赤（404）110g
  　　グレー（481）50g
- ● 針　ハマナカアミアミ両かぎ針ラクラク7.5/0号
- ● サイズ　37cm×36cm
- ● ゲージ　こま編みの編み込み模様
  　　　　　13目×12段＝10cm角

- ● 編み方

糸は1本どりで、指定の配色で編みます。

1. 前側、後ろ側はオフホワイトでくさり編み45目を作り目し、こま編みの編み込み模様（写真参照）で40段編みます。
2. 指定の位置に裏側から横、縦の順に引き抜き編みをします。
3. 前側と後ろ側を外表に合わせ、2枚一緒に縁編みを編みます。

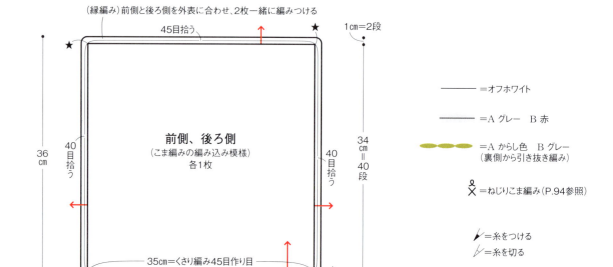

―　＝オフホワイト
―　＝A グレー　B 赤
●●●＝A からし色　B グレー
　　　　（裏側から引き抜き編み）
✕　＝ねじりこま編み（P.94参照）
↗　＝糸をつける
↘　＝糸を切る

こま編みの編み込み模様の編み方　※Aで解説しています。

1　オフホワイトでくさり編みの作り目をし、グレーをはさんで立ち上がりのくさり編みを編む。

2　グレーを編みくるみながら、オフホワイトでこま編みを編む。

3　オフホワイトで4目編み、5目めを引き抜くときにグレーにかえる。

4　引き抜いたところ。

5　今度はオフホワイトを編みくるみながらグレーでこま編みを編む。

6　グレーで4目編み、5目めを引き抜くときにオフホワイトにかえる。このとき、グレーの糸は手前にもってきて交差させる。

7　引き抜いたところ。同様に編む。

引き抜き編み

編み終わったら、指定の位置に裏側から横、縦の順に引き抜き編みをする。

前側、後ろ側と縁編み

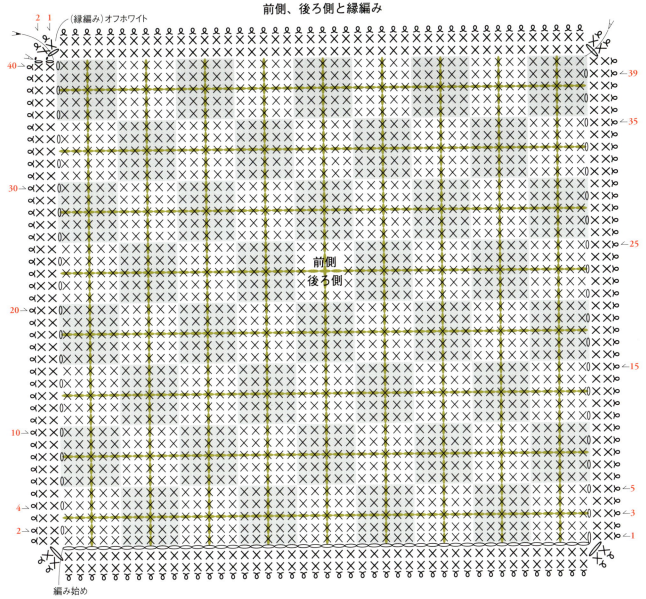

裏

丸モチーフのざぶとん　作品●19ページ

- ●糸　ハマナカジャンボニー（50g玉巻）
  オフホワイト (1) 230g　淡ピンク (9) 160g
  ワインレッド (7) 70g
- ●針　ハマナカアミアミ竹製かぎ針8mm
- ●サイズ　50cm×47cm
- ●ゲージ　中長編み3目の変形玉編み1段＝約3cm
- ●モチーフの大きさ　直径22cm

●編み方

糸は1本どりで、指定の配色で編みます。
1. モチーフは糸端を輪にし、90ページの図のように6枚編みます。
2. モチーフを外表に合わせて縫い合わせ位置をしっかり縫い、表側に出た部分は割って折り返します。6枚を同様に縫い合わせます。
3. 中央のモチーフは糸端を輪にし、90ページの図のように編みます。
4. モチーフのまわりと折り返し部分に縁編みを編みながら、中央のモチーフにつなぎます。

次ページにつづく

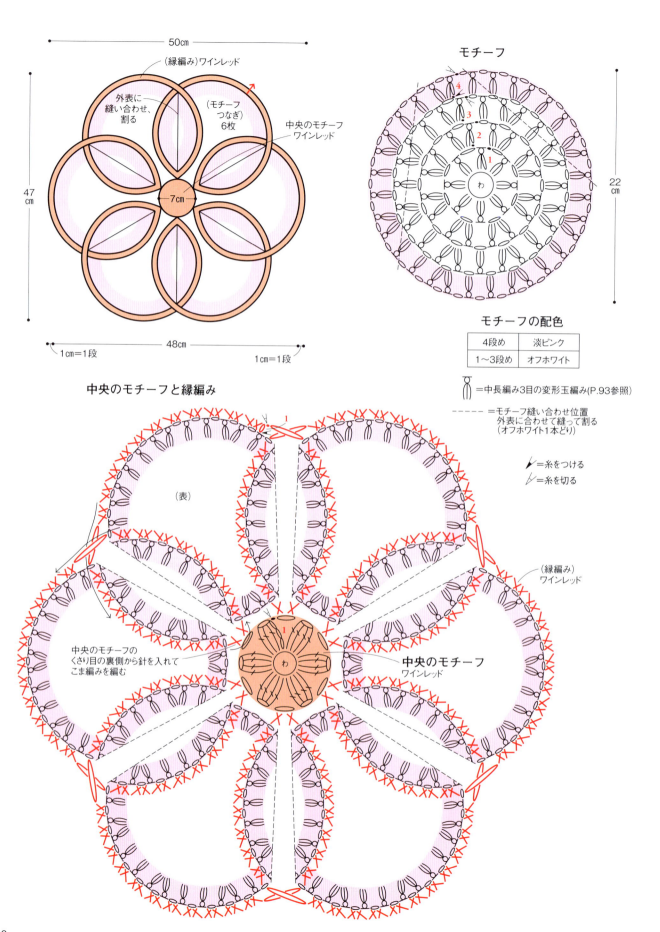

かぎ針編みの基礎

[編み目記号]

くさり編み

1	2	3	4	5
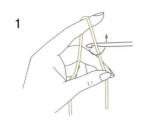		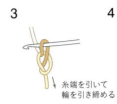糸端を引いて輪を引き締める		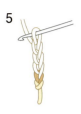

こま編み

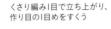

1 立ち上がりのくさり編み1目
くさり編み1目で立ち上がり、作り目の1目めをすくう

2
針に糸をかけ、矢印のように引き出す

3
針に糸をかけ、針にかかっているループを一度に引き抜く

4
1目でき上がり。こま編みは立ち上がりのくさり編みを1目に数えない

5
1〜3をくり返す

6

中長編み

1  立ち上がりのくさり編み2目
くさり編み2目で立ち上がる。針に糸をかけ、作り目の2目めをすくう

2
針に糸をかけ、矢印のようにくさり編み2目分の高さまで引き出す

3
針に糸をかけ、針にかかっているループを一度に引き抜く

4
1目でき上がり。立ち上がりのくさり編みを1目に数える

5
1〜3をくり返す

6

長編み

1
くさり編み3目で立ち上がる。針に糸をかけ、作り目の2目めをすくう

2
針に糸をかけ、矢印のように1段の高さの半分くらいまで引き出す

3
針に糸をかけ、1段の高さまで引き出す

4
針に糸をかけ、針にかかっているループを一度に引き抜く

5
1目でき上がり。立ち上がりのくさり編みを1目に数える

6
1〜4をくり返す

引き抜き編み

1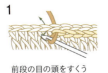
前段の目の頭をすくう

2
針に糸をかけ、一度に引き抜く

3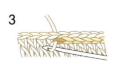
1、2をくり返し、編み目がつれない程度にゆるめに編む

91

長々編み

1. くさり編み4目で立ち上がる。針に糸を2回かけ、作り目の2目めをすくう
立ち上がりのくさり編み4目
2. 針に糸をかけ、矢印のように1段の高さの1/3くらいまで引き出す
3. 針に糸をかけ2つのループを引き抜く
4. 針に糸をかけ、2つのループを引き抜く
5. 針に糸をかけて残りの2つのループを引き抜く
6. 1〜5をくり返す。立ち上がりのくさり編みを1目に数える

三つ巻き長編み

針に糸を3回かけ、「長々編み」の要領で編む

こま編み2目編み入れる

1. こま編みを1目編み、同じ目にもう一度編む
2. 1目増える

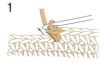

こま編み3目編み入れる

「こま編み2目編み入れる」の要領で同じ目に3回針を入れてこま編みを編む

中長編み2目編み入れる

中長編みを1目編み、同じ目にもう一度針を入れ中長編みを編む

長編み2目編み入れる

1. 長編みを1目編み、同じ目にもう一度針を入れる
2. 目の高さをそろえて長編みを編む
3. 1目増える 編み入れる目数が増えても、同じ要領で編む

こま編み2目一度

1. 1目めの糸を引き出し、続けて次の目から糸を引き出す
2. 針に糸をかけ、針にかかっているすべてのループを一度に引き抜く
3. 2目が1目になる

こま編み3目一度

「こま編み2目一度」の要領で3目引き出し、3目を一度に編む

長編み2目一度

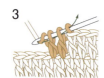

1. 長編みの途中まで編み、次の目に針を入れて糸を引き出す
2. 長編みの途中まで編む
3. 2目の高さをそろえ、一度に引き抜く
4. 長編み2目が1目になる

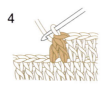

ＶとＷの区別

根元がついている場合
前段の1目に針を入れる

根元が離れている場合
前段のくさり編みのループを束にすくう

長編み3目の玉編み

1
未完成の長編みを3目編む（図は1目め）

2
針に糸をかけ、一度に引き抜く

3
くさり3目
※目数が違っても同じ要領で同様に編む

中長編み3目の玉編み

1
針に糸をかけ、矢印のように針を入れ、糸を引き出す（未完成の中長編み）

2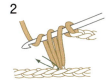
同じ目に未完成の中長編みを編む

3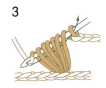
同じ目に未完成の中長編みをもう1目編み、3目の高さをそろえ、一度に引き抜く

4
※目数が違っても同じ要領で同様に編む

中長編み3目の変形玉編み

1
中長編み3目の玉編みの要領で針に糸をかけ、矢印のように引き抜く

2
針に糸をかけ、2本のループを一度に引き抜く

3

中長編み2目の変形玉編み

「中長編み3目の変形玉編み」の要領で中長編みを2目編む

中長編み4目の変形玉編み

「中長編み3目の変形玉編み」の要領で中長編みを4目編む

長編み5目のパプコーン編み

※目数が違っても同じ要領で同様に編む

1
同じところに長編みを5目編み入れる

2
針を抜き、矢印のように1目めから入れ直す

3
矢印のように目を引き出す

4
くさり3目
針に糸をかけ、くさり編みの要領で1目編む。この目が頭になる

こま編みのすじ編み

1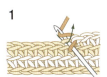
前段のこま編みの頭の向こう側の1本だけすくう

2
こま編みを編む

3
前段の目の手前側の1本の糸が残ってすじができる

うね編み

1
前段のこま編みの頭の向こう側の1本だけをすくう

2
こま編みを編む

3
毎段向きをかえて往復編みで編む。2段でひとつのうねができる

［色のかえ方］
（輪編みの場合）

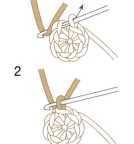

1

2

色をかえる手前の目の最後の糸を引き抜くときに、新しい糸にかえて編む

バックこま編み	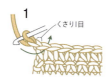 1 針を手前側からまわして矢印のようにすくう	2 針に糸をかけて矢印のように引き出す	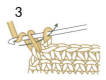 3 針に糸をかけ、2つのループを引き抜く	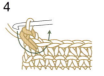 4 1～3をくり返し、左側から右側へ編み進む	5	
ねじりこま編み	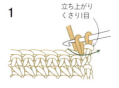 1 こま編みの要領で、長めに糸を引き出し、矢印のように針先を手前側へまわす	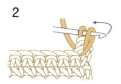 2 針をさらに向こう側へまわす	3 編み目をねじったまま針に糸をかけ、糸をゆるめに引き抜く	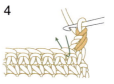 4 1～3をくり返す	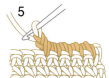 5 右側から左側へ編み進む	
くさり3目のピコット	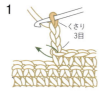 1 くさり編みを3目編む。矢印のようにこま編みの頭半目と足の糸1本をすくう	 2 針に糸をかけ、全部の糸を一度にきつめに引き抜く	 3 でき上がり。次の目にこま編みを編む。くさりの目数が増減しても同じ要領で編む			
長編み表引き上げ編み	1 針に糸をかけ、前段の足を矢印のように表側からすくう	2 針に糸をかけ、長めに糸を引き出す	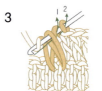 3 長編みと同じ要領で編む	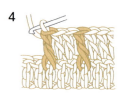 4 でき上がり		
長編み裏引き上げ編み	1 針に糸をかけ、前段の足を裏側からすくい、長めに糸を引き出す	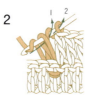 2 長編みと同じ要領で編む	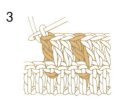 3 でき上がり			
こま編み裏引き上げ編み	1 前段の足を裏側から針を入れてすくう	 2 針に糸をかけて矢印のように編み地の向こう側に引き出す	 3 少し長めに糸を引き出し、こま編みと同じ要領で編む	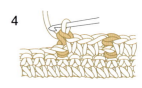 4 でき上がり		

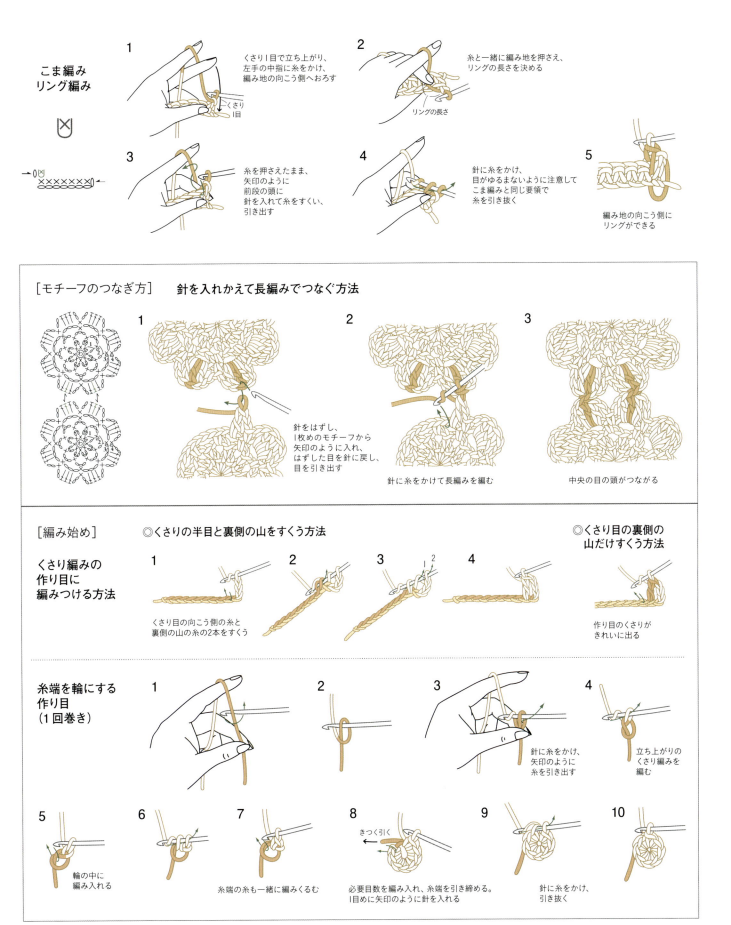

MAYUKO HASHIMOTO
橋本真由子

千葉県生まれ、東京都在住。レース編みをしていた母の影響で、幼い頃から手芸や洋裁に親しむ。文化女子大学（現 文化学園大学）在学中に編み物に出会い、卒業後に通信教育で基礎を学び直す。1本の糸から自由な形を生み出せる編み物に魅了され、フリーのデザイナーとなる。シンプルでありながら凝って見える編み方を得意とし、書籍や雑誌に作品を多数発表している。

◎ Staff
ブックデザイン／平木千草
撮影／下村しのぶ
プロセス撮影／中辻 渉
スタイリング／大原久美子
トレース／沼本康代　大楽里美　白くま工房
編集／小出かがり（リトルバード）
編集デスク／朝日新聞出版 生活・文化編集部（森 香織）

◎ 糸と針
ハマナカ株式会社
〒616-8585　京都市右京区花園薮ノ下町2番地の3
☎075-463-5151（代表）
http://www.hamanaka.co.jp
info@hamanaka.co.jp

◎ 撮影協力
AWABEES　☎03-5786-1600
UTUWA　☎03-6447-0070

印刷物のため、作品の色は実物とは多少異なる場合があります。

◎お電話等での作り方に関するご質問は
ご遠慮申し上げます。

本書に掲載している写真、作品、製図などを製品化し、ハンドメイドマーケットやSNS、オークションでの個人販売、ならびに実店舗、フリーマーケット、バザーなど営利目的で使用することは著作権法上で禁止されています。個人で手作りを楽しむためのみにご使用ください。

決定版
人気の手編みざぶとん

著　者　橋本真由子
発行者　片桐圭子
発行所　朝日新聞出版
　　　　〒104-8011　東京都中央区築地5-3-2
　　　　（お問い合わせ）infojitsuyo@asahi.com
印刷所　TOPPANクロレ株式会社

©2018 Mayuko Hashimoto
Published in Japan by Asahi Shimbun Publications Inc.
ISBN 978-4-02-333234-8

定価はカバーに表示してあります。
落丁・乱丁の場合は弊社業務部（☎03-5540-7800）へご連絡ください。
送料弊社負担にてお取り替えいたします。

本書および本書の付属物を無断で複写、複製（コピー）、引用することは著作権法上での例外を除き禁じられています。また代行業者等の第三者に依頼してスキャンやデジタル化することは、たとえ個人や家庭内の利用であっても一切認められておりません。